筑摩書房版教科書準拠

新傾向入試国語対策問題集

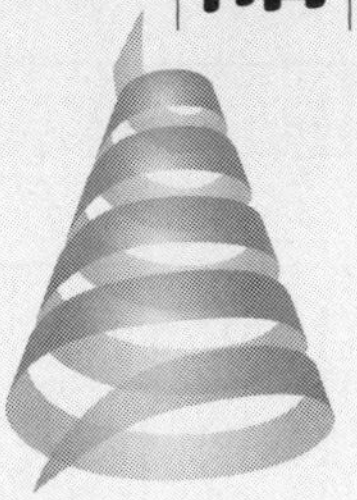

筑摩書房

筑摩書房版教科書準拠

新傾向入試国語対策問題集

目次

はじめに

1. 本書は、筑摩書房版高校生用国語教科書『国語総合　改訂版』『精選国語総合　改訂版』『現代文B　改訂版』『精選現代文B　改訂版』『古典B　改訂版』から教材を精選して掲載し、それぞれに問題を付す形で、これからの大学入試国語に求められる思考力と表現力を養おうとするものです。

2. 「評論編」「小説編」「古文編」「漢文編」の四部構成となっています。

3. それぞれの問題では、教科書から抜き出した文章と、それに関係する資料（目次ページの、＊を付した資料）を掲載し、複数資料を比較分析・関連づける読解力をつけられるよう、意を用いました。さらに、複数資料の読解をふまえて内容を整理する記述式問題を豊富に用意し、論理的な思考力と正確な表現力の訓練に最適な問題集となるよう、工夫してあります。

4. 「小説編」「古文編」「漢文編」の末尾には、各問題の題材や出題意図についてより深く理解するためのコラムを配しました。

5. 別冊には【解答と評価基準】【解説】を用意しています（別冊は学校採用の場合のみ付属）。記述式問題については、「正答の条件をすべて満たしている解答例」と、満たされるべき「正答の条件」を付記しています。まずは実際に問題を解いてから、解答例を確認し、問題の解説も読んで問題や資料に対する理解を深めてください。

6. 別冊の表紙に記載したＱＲコードからは、「古文編」「漢文編」で紹介している古文資料の現代語訳と、漢文資料の書き下し文・現代語訳のダウンロードページにアクセスすることができます。また、各古文・漢文資料の出典詳細も掲載しました。読解の参考にするほか、さらに幅広い文章に興味を持つためのきっかけとしてください。

評論 ① 水の東西

山崎正和（『国語総合　改訂版』）

/50

ケンタロウさんとナオさんは国語の授業で【文章1】を読み、また【文章1】のテーマに関連する資料として【文章2】を読んだ。これらの文章を読んで、後の問いに答えなさい。

◆文章1◆

「*鹿《しし》おどし」が動いているのを見ると、その愛嬌《あいきょう》のなかに、なんとなく人生のけだるさのようなものを感じることがある。かわいらしい竹のシーソーの一端に水受けがついていて、それに*筧《かけい》の水がすこしずつ溜《たま》る。静かに緊張が高まりながら、やがて水受けがいっぱいになると、シーソーはぐらりと傾いて水をこぼす。緊張が一気にとけて水受けが跳ねあがるとき、竹が石をたたいて、こおんと、くぐもった優しい音をたてるのである。

見ていると、単純な、ゆるやかなリズムが、無限にいつまでもくりかえされる。緊張が高まり、それが一気にほどけ、しかし何ごとも起こらない徒労がまた一から始められる。ただ、曇った音響が時を刻んで、庭の静寂と時間の長さをいやがうえにもひきたてるだけである。水の流れなのか、時の流れなのか、「鹿おどし」はわれわれに流れるものを感じさせる。それをせきとめ、刻むことによって、この仕掛けはかえって流れてやまないものの存在を強調しているといえる。

私はこの「鹿おどし」を、ニューヨークの大きな銀行の待合室で見たことがある。日本の古い文化がいろいろと紹介されるなかで、あの素朴な竹の響きが西洋人の心を魅きつけたのかもしれない。だが、ニューヨークの銀行では人々はあまりに忙しすぎて、ひとつの音と次の音との長い間隔を聴くゆとりはなさそうであった。それよりも窓の外に噴きあげる華やかな噴水のほうが、ここでは水の芸術としてあきらかに人々の気持ちをくつろがせていた。

流れる水と、噴きあげる水。

そういえばヨーロッパでもアメリカでも、町の広場にはいたるところにみごとな噴水があった。ちょっと名のある庭園に行けば、噴水はさまざまな趣向を凝らして風景の中心になっている。有名なローマ郊外の*エステ家の別荘など、何百という噴水の群れが庭をぎっしりと埋めつくしていた。樹木も草花もここではそえものにすぎず、壮大な水の造型が轟きながら林立しているのに私は息をのんだ。それは揺れ動く*バロック彫刻さながらであり、ほとばしるというよりは、音をたてて空間に静止しているように見えた。

時間的な水と、空間的な水。

そういうことをふと考えさせるほど、日本の伝統のなかに噴水というものは少ない。せせらぎを作り、滝をかけ、池を掘って水を見ることはあれほど好んだ日本人が、噴水の美だけは近代にいたるまで忘れていた。伝統は恐ろしいもので現代の都会でも、日本の噴水はやはり西洋のものほど美しくない。そのせいか東京でも大阪でも、町の広場はどことなく間が抜けて、表情に乏しいのである。

西洋の空気は乾いていて、人々が噴きあげる水を求めたということもあるだろう。ローマ以来の水道の技術が、噴水を発達させるのに有利であったということも考えられる。だが、人工的な滝を作った日本人が、噴水を作らなかった理由は、そういう外面的な事情ばかりではなかったように思われる。日本人にとって水は自然に流れる姿が美しいのであり、圧縮したりねじまげたり、粘土のように造型する対象ではなかったのであろう。

いうまでもなく、水にはそれじたいとして定まったかたちはない。そうして、かたちがないということについて、おそらく日本人は西洋人とちがった独特の好みを持っていたのである。「行雲流水*」という仏教的なことばがあるが、そういう思想はむしろ思想以前の感性によって裏づけられていた。それは外界にたいする受動的な態度というよりは、積極的に、①かたちなきものを恐れない心の表れではなかっただろうか。

見えない水と、目に見える水。

もし、流れを感じることだけが大切なのだとしたら、②われわれは水を実感するのにもはや水を見る必要さえないといえる。ただ断続する音の響きを聞いて、その間隙に流れるものを間接に心で味わえばよい。そう考えればあの「鹿おどし」は、日本人が水を鑑賞する行為の極致を表す仕掛けだといえるかもしれない。

（山崎正和「水の東西」）

＊鹿おどし……庭園などに置かれた、水を利用して音を出す仕掛け。
＊筧……竹や木をくり抜き、樋にして水を引く装置。
＊エステ家の別荘……ローマ近郊ティボリにある、多数の噴水で有名な別荘。一六世紀、枢機卿エステにより修道院を改造して造られた。
＊バロック……一六世紀末から一八世紀にかけてヨーロッパで流行した、絵画・建築などの様式。
＊行雲流水……行く雲と流れる水。自然のままに身を任せて生きることのたとえ。

◆文章2◆

近代科学とは、一七世紀にガリレオ*やデカルト*たちによって開始され、次いでニュートン*をもって確立された科学を指している。近代科学が現代科学の基礎となっていることは言うまでもない。③近代科学の自然観には、中世までの自然観と比較して、いくつかの重要な特徴がある。

第一の特徴は、機械論的自然観である。中世までは自然の中には、ある種の目的や意志が宿っていると考えられていたが、近代科学は、自然からそれら精神性を剝奪し、定められた法則どおりに動くだけの死せる機械とみなすようになった。

第二に、原子論的な還元主義である。自然はすべて微小な粒子とそれに外から課される自然法則からできており、それら原子と法則だけが自然の真の姿であると考えられるようになった。

ここから第三の特徴として、物心二元論が生じてくる。二元論によれば、身体器官によって捉えられる知覚の世界は、主観の世界である。自然に本来、実在しているのは、色も味も臭いもない原子以下の微粒子だけである。知覚において光が瞬間に到達するように見えたり、地球が不動に思えたりするのは、主観的に見られているからである。自然の感性的な性格は、自然本来の内在的な性質ではなく、自然をそのように感受し認識する主体の側にある。つまり、心あるいは脳が生み出した性質なのだ。

真に実在するのは物理学が描き出す世界であり、そこからの物理的な刺激作用は、脳内の推論、記憶、連合、類推などの働きによって、秩序ある経験（知覚世界）へと構成される。つまり、知覚世界は心ないし脳の中に生じた一種のイメージや表象にすぎない。物理学的世界は、人間的な意味に欠けた無情の世界である。

それに対して、知覚世界は、「使いやすい机」「嫌いな犬」「美しい樹木」「愛すべき人間」などの意味や価値のある日常物に満ちている。しかしこれは、主観が対象にそのように意味づけたからである。こうして、物理学が記述する自然の客観的な真の姿と、私たちの主観的表象とは、質的にも、存在の身分としても、まったく異質のものとみなされる。

これが二元論的な認識論である。そこでは、感性によって捉えられる自然の意味や価値は主体によって与えられるとされる。いわば、自然賛美の抒情詩を作る詩人は、④いまや人間の精神の素晴らしさを讃える自己賛美を口にしなければならなくなったのである。こうした物心二元論は、物理と心理、身体と心、客観と主観、自然と人間、野生と文化、事実と規範といった言葉の対によって表現されながら、私たちの生活に深く広く浸透している。日本における理系と文系といった学問の区別もそのひとつである。二元論は、没価値の存在と非存在の価値を作り出してしまう。

二元論によれば、自然は、何の個性もない粒子が反復的に法則に従っているだけの存在となる。こうした宇宙に完全に欠落しているのは、ある特定の場所や物がもっているはずの個性である。時間的にも空間的にも極微にまで切り詰められた自然は、場所と歴史としての特殊性を奪われる。近代的自然科学に含まれる自然観は、自然を分解して利用する道をこれまでないほどに推進した。最終的に原子の構造を砕いて核分裂のエネルギーを取り出すようになる。自然を分解して（知的に言えば、分析をして）、材料として他の場所で利用する。近代科学の自然に対する知的・実践的態度は、自然をかみ砕いて栄養として摂取することに比較できる。

近代科学が明らかにしていった自然法則は、自然を改変し操作する強力なテクノロジーとして応用されていった。しかも自然が機械にすぎず、その意味や価値はすべて人間が与えるものにすぎないのならば、自然を徹底的に利用することに躊躇を覚える必要はない。本当に大切なのは、ただ人間の主観、心だけだからだ。こうした態度の積み重ねが現在の環境問題を生んだ。（河野哲也『意識は実在しない』講談社選書メチエ）

＊ガリレオ……一五六四―一六四二年。イタリアの物理学者・天文学者。月の凹凸や太陽黒点などを発見してコペルニクスの地動説を支持した。

＊デカルト……一五九六―一六五〇年。フランスの哲学者・数学者・科学者。『省察』『哲学原理』などを著し、近代哲学の基礎を築いた。

＊ニュートン……一六四二―一七二七年。イギリスの物理学者。「万有引力の法則」を発見し「運動の三法則」を確立した。

問一 傍線部①「かたちなきものを恐れない心」とはどのような心か。最も適当なものを次の中からひとつ選び、記号で答えなさい。（5点）

ア 自然は人為的に造形されるべきものではなく、ありのままに受容するべきだとする心。

イ 自然を造形する技術手段や環境に欠けているので、そのままを受けいれようとする心。

ウ 自然の本質を、かたちを超えたところにおき、それを感受して理解しようとする心。

エ 仏教思想の影響を受けて、変化する現象の根底にその本質を見いだしていこうとする心。

オ 既存のかたちを否定した無形の世界に、新たなかたちを夢想することを好む心。

問二 傍線部②のように言えるのはなぜか、三〇字以上、四〇字以内で説明しなさい（句読点を含む）。（10点）

問三 傍線部③「近代科学の自然観」が現在の環境問題を生んだ、と筆者は主張しているが、なぜそう言えるのか、五〇字程度で説明しなさい（句読点を含む）。（10点）

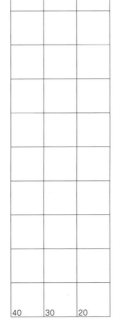

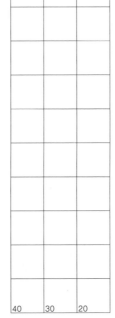

問四 傍線部④「自己賛美を口にしなければならなくなった」のはなぜか。その理由として最も適当なものを次の中からひとつ選び、記号で答えなさい。(5点)

ア 物理的世界が無情で不可知である以上、そこに与える意味や価値は感性の与える根拠のない主観の戯れでしかないから。

イ 無情の物理的世界に与えられる意味や価値は、人間の価値観が投影されたものにすぎないので、人間の主観性から抜けだすことはできないから。

ウ 知覚される物理的世界が脳内現象であるように、そこに見いだされる意味や価値も、脳作用の生みだす幻想でしかないから。

エ 真に実在するのは物理法則の支配する世界であり、それは分解し利用する対象でしかなく、意味や価値を与えるものではないから。

オ 自然それ自体は意味や価値をもつものではなく、機械的に法則運動するものでしかないので、与えられる意味や価値は偶発的なものでしかないから。

問五 【文章1】【文章2】を資料にして、ケンタロウさんとナオさんが先生と一緒に自然や水について話し合いをした。空欄A・C～Fに当てはまる最も適当な語句を【文章1】【文章2】から抜き出しなさい。また、空欄Bについては、当てはまる最も適当な一節を四五字以内で抜き出し、最初と最後の五字を記しなさい。(完答20点)

◆対　話◆

ケンタロウ 水をどういうふうに見るかということにも、日本と西洋でこんなに違うなんて驚いたなあ。でも考えてみると今は日本にも噴水がたくさんあるよね。なんでだろう。

先生 それについては【文章1】の中にヒントがあるよ。

ナオ 日本では「噴水の美だけは［　A　］にいたるまで忘れていた」という部分ですよね。

ケンタロウ どういうこと?

先生 日本では水をどのようなものとしてとらえているんだっけ?

ケンタロウ えっと……ああ、ありました。日本においては、水は［　B　］ではなかったと指摘されていますね。

先生 そうだね。日本で「ではなかった」のだから、西洋ではその逆だったということになる。

ナオ 日本では［　A　］になって急速に西洋の文化を取り入れたから、それ以降に日本でも噴水が作られるようになったんですよね。

先生 その通りだよ。ここで君たちに知ってほしいのは「西洋」の背景にある「自然観」なんだ。そのことが【文章2】に書いてある。

ナオ　近代になって中世とは異なる自然観が登場したとあるが、それらはどのような特徴だったか、挙げてくれるかな？

先生　［C］自然観と、［D］主義と、［E］的な認識の三つですね。

そうだ。**【文章２】**にあるように西洋ではその考えに基づいて自然を「［F］として他の場所で利用する」ことが価値観になっているんだね。だから自然の一つである水についても［F］として使うことにためらいがない。日本には長くそういった考え方がなかったから水に対する態度もおのずと違ったものになったんだろう。

ケンタロウ　鹿おどしと噴水の違いの中に、そんな深い違いがあるなんてびっくりだなあ。

A ［　　　　］

B ［　|　|　|　|　］〜［　|　|　|　|　］

C ［　　　　］

D ［　　　　］

E ［　　　　］

F ［　　　　］

評論 ② 開かれた文化

岡 真理（『精選国語総合 改訂版』）

/50

次の【文章1】と【文章2】は、サチコさんが「異文化理解と共生」についての探究レポートを書くときに参考にしたものである。これらの文章を読んで、後の問いに答えなさい（ただし、【文章2】には中略がある）。

◆文章1◆

異文化は、それに対する憧れ、好奇心を媒介にして、社会や個人にある種の活力を与える、現在でも与え続けているということを中心に述べてきました。そこで注意すべきことは、異文化に対しては一般に二種類の接し方があり得るということです。一つはこれまで触れたような憧れが異文化の理解への関心となり、ひいてはその理解へとつながることがあることです。しかし、二つめに、逆に憧れが容易に軽蔑へと転じて、異文化理解どころか異文化との断絶へと傾く場合もあるということに触れておかなければなりません。ここでは日本と中国、そして他のアジアの文化との問題に例を取って簡単に述べてみましょう。

日本は、中国の文化を江戸時代まで非常に高く評価し、尊敬し、それこそはっきりと憧れの対象としていました。それが近代になって西欧と出会い、憧れの対象を西欧に転じて西欧をモデルに近代国家として発達するに従い、中国が西欧に比べて劣っている、あるいは停滞しているという理由で、逆に見下すようになってしまいます。もともとは儒教にしても漢字にしても、あるいは中国を経由してきた仏教にしても、日本にとって大陸中国が異文化の中心であったのが、逆にそれを劣った文化として見下すようになったのです。そうした傾向は現在の日本でも、色濃く残っていると言わざるを得ません。もちろん、日本文化のルーツの一つとして中国文化を捉え、きちんと正面から向き合って再評価しよう、理解しようという人も多数いますが、依然として残念ながら中国文化への評価は低いのです。

中国に対するそうした近代日本の傾向は、アジア全体に対しても拡大されてきました。アジアにあるさまざまな文化に対しても、それをアメリカや西欧の文化と同格には置かないようになりました。その傾向は現在まで引き継がれています。

近代の日本人は、アフリカとかアジアとかいった、西欧やアメリカ以外の文化に対しては非常に冷淡といいますか、正しい認識をなかなかしようとしない傾向がありました。そこでは近代化という面からみて発展しているか、遅れているか、といった単純な尺度を当てはめて、その文化が憧れの対象となるかどうかと判断され、人々の関心が左右されてしまいました。中国やそのほかのアジアの国々の文化は憧れの対象でなく、お手本にはならなかったからいまでも劣ったものだという、短絡した認識が見られます。

①異文化に対してはこのように、一方に対して憧れると、同時にもう一方に対しては軽蔑するとか、嫌いになるとか、極端な態度を取ってしまう危険性があります。しかも、憧れる場合も軽蔑する場合も、その文化のさまざまな面を深く知って判断するのではなく、ささいな、断片的な知識や印象だけで結論づけてしまいがちです。一般に異文化に対して冷静で客観的な判断を下すのは非常に難しいことですから、どうしても好きだとか嫌いだとか、あるいは憧れるとか軽蔑するとかいう非常に恣意的な感情的な形で位置づけてしまうことが多いのです。

それは人間にとっての異文化が持つ宿命なのかもしれませんが、ただ、現在のように異文化をどう捉えるかが非常に重要になってきた時代においては、近代日本のように憧れと軽蔑といった二元的、あるいは好か悪かといった両極端の捉え方ではすみません。何よりも、そのような②浅い異文化そのものの捉え方では現実の世界に対してまともに向かって行けません。さまざまな異文化についての憧れを何によるのか冷静に判断するとともに、大したことはないと片づけてしまった文化についても、不当にも貶めて捉えてしまっているところがないかどうか、改めて検討しなければならないと思います。これは大きな課題です。

（青木　保『異文化理解』岩波新書）

◆文章2◆

「文化」が違う、とはどういうことなのだろう。

たとえば、*イスラーム教徒が多数を占めるインドネシアで、うま味調味料の製造過程において豚の酵素が触媒として使われていたことが国民の知るところとなり、関係者が逮捕されるという事件が起きたことはまだ記憶に新しい。

ある授業で学生たちにこの事件について感想を尋ねたところ、ひとりの学生が次のように答えた。「豚が使われていたぐらいで、こんなに大騒ぎするなんて信じられない。私たちとは違うと思った。」

それは、このニュースに触れたこの社会の、おおかたの者たちの感想でもあったのではないだろうか。（中略）

*聖典に「食べるな」と書いてあるからという理由で、豚の酵素の使用に対して人々がこれだけ大騒ぎする、それが「私たち」には理解できない。納得できない。だが、「彼ら」にとってもしそれが自然な反応であるとするなら、「私たち」と「彼ら」が生きている価値観はぜんぜん違うということになる。そして、この私たちには「信じられない」彼らの反応を自然なものとして導き出す要因となっているのが、イスラームであるとすれば、私たちは、イスラームの価値観とは何て異質なのだろうと結論する。要するに「文化」が違うのだ、と考える。しかし、「文化が違うから」と結論したからといって、「私たち」が「彼ら」のとった行動を、人間として「自然な」ものとして理解したり納得したというわけではない。「文化の違い」とは、「私たち」が自分たちの価値観では納得しがたいもの、自分たちの価値観とは相いれないもの、そのようなものを決して理解することなく、それが「私たち」にとって異質なものとしてこの世に存在するという事実と「私たち」自身が何とか折り合いをつけるための方便である。自分たちにはいかに異質で、理解しがたいとしても、〈それ〉が存在するということは否定しがたい事

実であるのだから、そうだとすれば、私たちには理解できない〈それ〉が存在するという紛れもない事実だけをとにかく丸ごと肯定する、そのための魔法の呪文が「文化の違い」だったり、あるいは「文化相対主義」であったりする。

インドネシアにおける今回の出来事をイスラームという文化で説明することは必ずしも間違いというわけではない。しかし、ある出来事が「文化」なるものによって、とりわけ「文化の違い」によって説明されるとき、そこで何が起きているのか、それが問題なのだ。それはイスラームという文化の枠を越えて、人間にとって普遍的な反応であるという理解に開かれてゆく代わりに、これはイスラームという、私たちとは異質な価値観ゆえに引き起こされた、私たちに理解できないことだと、イスラームの文化や人々を特殊化するような方向で理解してしまう者が多いのではないだろうか。

人が「食」の対象として、どのような動物に対してどのような反応を示すか、個人差はあれ、それはその人が長年暮らしてきた環境によって大きく規定されている。その多様な差異のあり方が「文化」であると言ってもよいかもしれない。

何を見て「旨そう」と思うか、それは文化によって違う。でも、人が、食べ慣れたものを見て「旨そうだ、食いたい。」と思う反応、それはその対象が鳩であれ魚であれ、はたまた鼠《ねずみ》であれゴキブリであれ、人間にとって自然な、普遍的なものである。鳩を食うから、鼠を食うから、ゴキブリを食べるから野蛮な文化だ、などということにはならない。鳩を平和の象徴と見なす文化では、その鳩を食べるなどというのは信じられない野蛮なことだが、しかし、鳩を食べるのは野蛮だというその同じ人たちが、鶏やアヒルを平気で食べる。生き物の殺生を禁じる文化の人々から見れば、鶏だろうと鳩だろうと、そもそも人が殺生することそれ自体が野蛮な行為であるだろう。

これらはたしかに「文化の違い」だ。しかし、違ってはいても、私たちは、その文化の人々がそのように考えたり、感じたりするということを人間として理解できるのではないだろうか。このとき、「文化の違い」とは、彼らがなぜそのように振る舞うのかということを、私たちが人間として理解できるように説明してくれるもののひとつとしてある。現象の表面的な違いに惑わされて、私たちがそれを「異質」だとか「特殊」だとか思ってしまわないように。文化相対主義*とは本来、そのようなもののはずだ。

「文化が違う」ということは、彼我のあいだの通約不能な異質性を意味するものではなく、反対に、人がそれぞれの社会で生きている現実の細部の違いを越えて、理解しあう可能性を表すものとなる。「理解する」とは、それを丸ごと肯定することとは違う。むしろ、私たちは「理解する」からこそ、そこにおいて、批判も含めた対話が、他者とのあいだで可能になるのではないだろうか。そして、理解することなく「これが彼らの文化だ、彼らの価値観だ。」と丸ごと肯定しているかぎり、抹消され、私たちの目には見えないでいる、その文化内部の多様な差異やせめぎあい、ゆらぎや葛藤もまた、私たちが「理解」しようとすることで立ち現れてくるだろう。

他文化を自分たちとは異質だ、特殊だと決めつける視線、それは、自分たちもまた、形こそ違え、実は彼らと同じようなことをしている、同じように生きている、という、批判的な自己認識を欠いたものである。そして、この、自文化に対する批判的な自己認識を欠落させた視線が、かつて自らの「普遍性」を僭称《せんしょう》し、他文化を「野蛮」と貶めたのではなかっただろうか。文化相対主義とはまずもって、そうした自文化中心主義的な態度に対する批判としてあることを私たちは確認しておこう。自文化中心的に他文化を裁断することを戒めるため、自文化をつねに相対化して考えることの大切さ。したがって、そのような文化相対主義は、自文化に対する批判的な認識を欠いて、他文化を自文化とは決定的に異なった特殊なものとして見出だす「文化相対主義」とは、ぜんぜん別物である。

（岡 真理「開かれた文化」）

＊イスラーム教……六一〇年にムハンマドがアラビアで創唱した宗教。

＊聖典……ムハンマドが唯一伸アッラーから受けた啓示を収録したアラビア語によるイスラーム教の聖典。アル＝クルアーン。

＊通約……算数の約分。ここは、互いの意思や考えなどが理解される、という意味。

問一 傍線部①のように言えるのはなぜか、三〇字以内で説明しなさい（句読点を含む）。（15点）

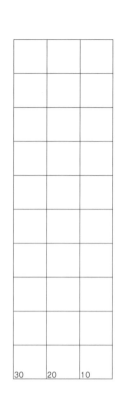

問二 「異文化をどう理解するか」という問題について考えを進めたサチコさんは、【文章1】の傍線部②「浅い異文化そのものの捉え方」と、それに対立する「深い文化の捉え方」に関して、【文章2】で「文化相対主義」のあり方として詳しく述べられていることに気づいた。そこで、【文章2】の内容をもとに、異文化理解に際しての「文化相対主義」の異なるあり方を、次の図のようにノートに整理してみた。その対比が明らかになるように、空欄に当てはまる内容をそれぞれ三〇字以内で書きなさい（句読点を含む）。（15点）

◆自文化の価値観では　A　ので、その事実をまるごと肯定しようとする「文化相対主義」

↕ 対して

◆自文化の価値観を　B　し、異文化を異質で特殊なものと決めつけない「文化相対主義」

このニつはぜんぜん別物である！

A

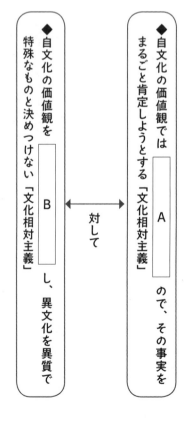

B

問三 異文化を理解するに際して「文化相対主義」の問題点に理解を深めたサチコさんは、次の【資料】を見つけ、傍線部③に着目することにした。そしてそれが【文章1】と【文章2】に記された「異文化理解」の問題点と関連していることに気づき、「地図」とそれが表現する現実との関係から、考えをまとめることにした。サチコさんはどのようにまとめたと考えられるか。次の指示を満たすように説明しなさい。（20点）

（1）二つの文に分けて、全体を八〇字以上、一二〇字以内で書くこと（句読点を含む）。

（2）一文目は、傍線部③のように考えた時の問題点について書くこと。

（3）二文目は、一文目と関連させて、異文化理解の問題点について書くこと。

（4）二文目は、「異文化を理解するのが」で書き始め、「だからである。」という文末で結ぶこと。

◆資　料◆

社会とは、秩序づけられた行為と関係によって結びつけられた人間の集団である。

ここで「秩序づけられた行為と関係」とは、自己と他者の間で「意味」として了解され、同定*された行為と関係ということだ。たとえばある種の振る舞いが「交換」として同定されて、「贈与」とは区別されること。あるいはある関係が「友情」と見なされて、「敵対」とは区別されること。このような行為や関係の意味の同定と、他の意味をもつ行為や関係との差異づけによって、人間の集団は共同の社会的世界を構成している。さしあたって社会とは、このような意味に媒介された行為と関係の共同の体系であり、そのような体系を生きる人びとの集団であると理解することができる。

ある社会Aと他の社会Bとの差異は、この時、それぞれの社会における行為と関係を意味づけるコード*の差異によって与えられる。このようなコードの例として、もっとも分かりやすいものは近代における実定法であろう。異なる法に服する集団は、法という共同の行為と関係の規則に関して異なる社会を構成している。社会の「内部」と「外部」とは、同一の意味に媒介された行為と関係の体系を受けいれている領域とそうでない領域によって、差異づけられるのである。ただし、人びとの行為や関係を秩序づけるコードは多様なので、たとえば法というコードに関しては異なる社会――たとえば国家――に帰属する人びとも、市場経済という別のコードに関しては同一の社会――国際的な市場経済社会――に属しているということが、日常的に生じうる。人びとの社会への帰属は多元的であり、したがって人間にとっての社会の広がりもまた多元的なのだ。

私たちは個々に「社会」に属しており、したがってそれぞれに「社会」に接している。だが、個々の人びとの視点からは「社会」そのものを全体的ないし総体的に見ることはできない。その一方で、「社会」やそれに類する言葉、「日本」や「世界」、あるいは「企業」や「親族」といった言葉を使い、それによって社会について考えようとする時、私たちはしばしば個々の個別的な視点を超えて社会を「全体」として見渡す視点をとっており、そのような全体性や総体性によって社会を理解しようとしている。これを図像的にイメージすれば、日本地図や世界地図になり、企業の組織図や親族体系図になるだろう。

こうした場合、③私たちはちょうど地図を見るようにして社会について考えている、と言うことができる。

（若林幹夫『地図の想像力』河出文庫）

＊同定……同一の存在であると見定めること。

＊コード……従うべき規定や規則。

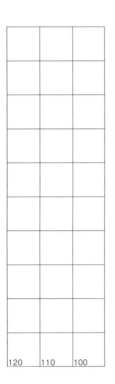

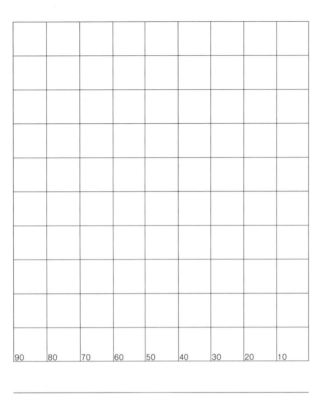

評論 ③ 貧困は自己責任なのか

湯浅 誠（『国語総合 改訂版』）

/50

次の【文章】と【図表】は、ケイコさんが「貧困」についてプレゼンテーションをする際に用いたものである。これらの文章を読んで、後の問いに答えなさい。

◆文 章◆

ノーベル経済学賞を受賞したアマルティア・セン*という学者がいる。彼は、新しい貧困論を生み出したことで知られている。彼の貧困論は、選択できる自由の問題と深く関わっている。

センは「貧困はたんに所得の低さというよりも、基本的な潜在能力が奪われた状態と見られなければならない。」と主張する（『自由と経済開発』石塚雅彦訳、二〇〇〇年）。それは「所得の低さ以外にも潜在能力に――したがって真の貧困に――影響を与えるものがある（所得は潜在能力を生み出す唯一の手段ではない）。」（同上）からだ。また「貧困とは受け入れ可能な最低限の水準に達するのに必要な基本的な潜在能力が欠如した状態として見るべきである。」（『不平等の再検討――潜在能力と自由』池本幸生他訳、一九九九年）とも述べている（以下、この二著から引用する）。

潜在能力（capability）とはセン独自の概念である。それは「十分に栄養をとる」「衣料や住居が満たされている」という生活状態（これをセンは「機能」と言う）に達するための個人的・社会的自由を指している。

たとえばセンは、次のように言う。

「腎臓障害で透析*を必要とする人は、所得こそ高いかもしれないが、それを機能に変換する際の困難を考慮すれば、この人の経済手段（つまり、所得）は依然として不足していると言える。貧困を所得だけで定義するのであれば、所得からどのような機能を実現できるかという潜在能力を抜きにして、所得だけで見るのでは不十分である。貧困に陥らないために十分な所得とは、個人の身体的な特徴や社会環境によって異なるのである。」

たとえ、より所得の少ない人に比べれば、いくらか多い所得を得ていたとしても、その所得によって望ましい状態を得られる方途（選択の自由）を持っていなければ、その人の潜在能力は奪われた状態にある。医師のいない離島でいくらお金を持っていたとしても、満足に医療にかかることができなければ、その人はすぐに医療にかかれる環境に暮らす人たちよりも「満足な医療にかかることができる。」という「機能」から遠い。それは、お金がなくて国民健康保険料を長く滞納した結果、*資格証を発行されて事実上医療機会を奪われてしまった人たちと同じである。医療にかかるという選択肢が奪われている、という点で、両者はともに基本的な潜在能力を奪われた状態にある、と言える。それが「貧困」だ、とセンは言う。

　私自身は、ホームレス状態にある人たちや生活困窮状態にある人たちの相談を受け、一緒に活動する経験の中で、センの「潜在能力」に相当する概念を、①“溜《た》め”という言葉で語ってきた。

　“溜め”とは、溜池の「溜め」である。大きな溜池を持っている地域は、多少雨が少なくても慌てることはない。その水は田畑を潤し、作物を育てることができる。逆に溜池が小さければ、少々日照りが続くだけで田畑が干上がり、深刻なダメージを受ける。このように“溜め”は、外界からの衝撃を吸収してくれるクッション（緩衝材）の役割を果たすとともに、そこからエネルギーを汲《く》み出す諸力の源泉となる。

　“溜め”の機能は、さまざまなものに備わっている。たとえば、お金だ。十分なお金（貯金）を持っている人は、たとえ失業しても、その日から食べるに困ることはない。当面の間そのお金を使って生活できるし、同時に求職活動費用ともなる。落ち着いて、積極的に次の仕事を探すことができる。このとき貯金は“溜め”の機能を持っている、と言える。

　しかし、わざわざ抽象的な概念を使うのは、それが金銭に限定されないからだ。有形・無形のさまざまなものが“溜め”の機能を有している。頼れる家族・親族・友人がいるというのは、人間関係の“溜め”である。また、自分に自信がある、何かをできると思える、自分を大切にできるというのは、精神的な“溜め”である。

　あるときこの“溜め”の話をしていたら、取材していた外資系通信社の記者が「自分にも“溜め”があったんだな。」と言い出した。聞けば、前の会社でリストラに遭って三年間失業状態だったと言う。*フリーライターとして仕事をしていたが、収入は非常に少なかった。しかし、ある友人が今の会社を紹介してくれて、なんとかまたこうやって取材ができている。自分の場合は、三年間失業していられるだけの金銭的な“溜め”があり、また仕事を紹介してくれる友人という人間関係の“溜め”があったから、また好きなジャーナリズムの世界で仕事をしていられる、と。

　フリーターや主婦パートで仕事が不安定であっても、親や配偶者と同居していれば、すぐに生活には困らない。親が膨大な教育費をかけてくれれば、大学にも通える。このとき、本人はそれぞれの“溜め”を持っていることになる。

　逆に言えば、②貧困とは、このようなもろもろの“溜め”が総合的に失われ、奪われている状態である。金銭的な“溜め”を持たない人は、同じ失業というトラブルに見舞われた場合でも、深刻度が全然違ってくる。ただちに生活に窮し、食べる物に事欠くために、すぐに働くところを見つけなければならない。職種や雇用条件を選んでいる暇はない。窮乏度がひどくなれば、月給の仕事を選ぶか、日払いの仕事を選ぶかという選択肢は、事実上存在しなくなる。月給仕事を選ぶためには、最初の給料が入る一か月または二か月後まで生活できるだけの〝溜め〟（貯金、あるいは親元に住んでいて衣食住に事欠かないなど）が必要になるからだ。

三層（雇用・社会保険・公的扶助）のセーフティネット*に支えられて生活が安定しているとき、あるいは自らの生活は不安定でも家族のセーフティネットに支えられているとき、その人たちには〝溜め〟がある。逆に、それらから排除されていけば、〝溜め〟は失われ、最後の砦である自信や自尊心をも失うに至る。〝溜め〟を失う過程は、さまざまな可能性から排除され、選択肢を失っていく過程でもある。

以上のように貧困状態を理解すると、それがいかに自己責任論と相容《い》れないものであるかがわかるだろう。自己責任論とは「他の選択肢を等しく選べたはず」という前提で成り立つ議論である。他方、貧困とは「他の選択肢を等しくは選べない」、その意味で「基本的な潜在能力を欠如させた」状態（セン）、あるいは総合的に〝溜め〟を奪われた／失った状態である。よって両者は相容れない。

（湯浅誠「貧困は自己責任なのか」）

*アマルティア・セン……一九三三年―。インドの経済学者。経済の公正、貧困の研究における貢献により、一九九八年ノーベル経済学賞を受賞。

*透析……人工透析。肝臓の機能が低下した患者に対して行う、血液を浄化する治療。

*資格証……国民健康保険資格証明書。国民健康保険料を滞納しているため保険証が交付されていない世帯に代わりに交付される。

*フリーライター……企業などに属さず、自由契約で活動する著述家。

*セーフティネット……安全網。社会保障制度といった、万一の場合に人々が安心して暮らせるように支援・救済する仕組み。

◆図　表◆「相談できる友人・知人のいない保護者の割合」（沖縄県子どもの貧困実態調査事業・報告書をもとに作成）

この調査は、平成28年度に沖縄県の高校生とその保護者を対象に行われたもので、高校生を取り巻く社会や経済の状況がどのように今後の進路や将来の希望、日常生活などに影響しているかを調べ、今後の進路支援や子育て環境への対策を検討していくことを目的として行われたものである。次ページはその調査の一部で、「相談できる友人・知人がいない」保護者の割合を、世帯の状況と関連させて分析した表である。図表のY軸は世帯構成の違い（両親世帯か、ひとり親世帯か）、X軸は経済状況の違い（困窮世帯か非困窮世帯か）として、四つ（2×2）の組み合わせごとに「相談できる友人・知人のいない」割合（Z軸）を求めたものである。

（図表）相談できる友人・知人がいない保護者の割合（平成28年）
（世帯構成別＊経済状況別）

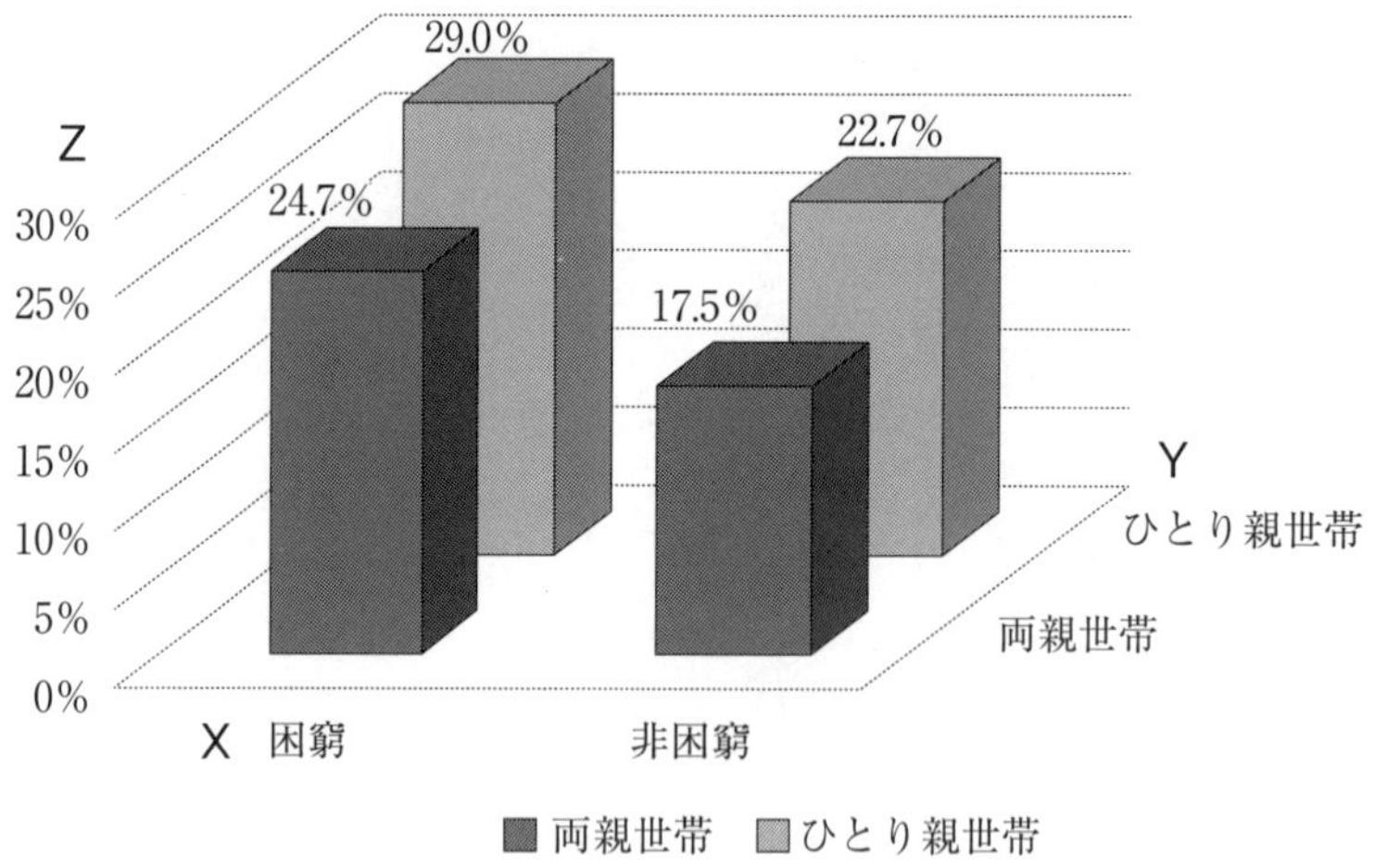

問一 センの定義する「貧困」の説明として、適当ではないものを次から一つ選び、記号で答えなさい。（5点）

ア　貧困とは単に所得の水準ではなく、人間のもつ潜在能力の発達可能性が奪われた状況である。

イ　貧困の内容は所得だけではなく、個々人の環境や身体状況など多面的に考えるべき状況である。

ウ　貧困とは自己の生活の充実と可能性の発現のための、機会選択の自由が奪われた状況である。

エ　人間同士の関係のつながりの豊かさを示す社会関係や文化享受の貧弱さも、貧困の要因である。

オ　先進国と発展途上国の貧困水準とは指標も性格も異にしているので、その定義は多種多様なものである。

問二 傍線部①について、筆者が考える「溜め」の概念を、次の空欄を埋める形で四〇字以内で説明しなさい（句読点を含む）。（10点）

窮境に陥ったとき、［　　　　］もの。

40

問三 次はケイコさんが【図表】を分析しまとめたものである。空欄A～Dに当てはまる適当な数字または語を書きなさい。ただしC・Dは四字で書くこととする。（全答15点）

世帯構成別で見てみると、両親世帯とひとり親世帯の「相談できる人のいない割合」は、非困窮世帯で五・二%、困窮世帯で［A］%、ひとり親世帯のほうが高くなっている。一方、経済状況別で見てみると、困窮している家庭は、おなじ両親世帯構成であっても［B］%も孤立の度合が高く、ひとり親かつ困窮している世帯は、困窮状態にないひとり親世帯より六・三%高くなっている。これらの数字をふまえると、孤立の問題には、［C］以上に［D］が関係しているということが言える。

A	B	C	D

問四 傍線部②について、ケイコさんは筆者の考える貧困の定義と【図表】で分析した実態が関連していることを理解し、その関連性をプレゼンテーション用の原稿にまとめることにした。ケイコさんはどのようにまとめればよいか。次の指示を満たすように書きなさい。（20点）

（1）二つの文に分けて、全体を一〇〇字以上、一二〇字以内で書くこと（句読点を含む）。

（2）一文目では、「貧困」についての筆者の定義に触れること。

（3）二文目は、一文目と関連させて、【図表】における「貧困」とはどのようなものかを説明すること。

10	20	30	40	50	60	70	80	90	100	110	120

評論 ④ 来《きた》るべき民主主義

國分功一郎《こくぶんこういちろう》（『精選国語総合　改訂版』）

／50

次の【文章1】【文章2】と【資料】は、ある国語教室で政治に関わる評論として扱われたものである。これらの文章を読んで、後の問いに答えなさい。

◆文章1◆

本質を考えるには哲学を経由するのがよい。政治の本質を鋭く論じた二人の哲学者を通じて考えよう。

一人目は、二〇世紀ドイツの公法学者*・哲学者、カール・シュミット*である。シュミットは政治について大変有名な定義を残した。シュミットはこう言っている。どんな分野も、そこで扱われている諸問題を突き詰めていくと、ある究極的な区別に到達する。その究極的な区別こそが、その分野を特徴付け、また定義する。

たとえば、道徳の分野ではいろいろなことが問題になる。だが、それらを突き詰めていくと、最終的に見出《い》だされるのは「善と悪」という区別である。何が善で、何が悪か、道徳が問うているのは結局はそれであり、その上に複雑な理論や教訓が積み重ねられているのである。経済の分野ならば「利益と損失」、つまり、採算が取れるか取れないかがこの究極的な区別にあたる。様々な複雑な理論が経済の分野で論じられているが、根源にあるのはこの区別に他ならない。あるいは美学*ならば「美と醜」が究極的な区別であろう。要するに美しいか醜いか、それが問題なのだ。

どんな分野もその分野を特徴付け、また定義する究極的な区別をもっている。では、政治の分野においてはそれは何か？　政治の分野で問題となる様々な論点を突き詰めていくと現れる区別とは何か？　それは「敵と友」だとシュミットは言う。政治の分野を特徴付け、定義するのは、敵か友かという区別である。この論点で誰が自分の味方になってくれるのか？　自分が推進するこの政策に反対してくる敵は誰か？　政治において問題になっているのは、究極的にはそれである。

では、なぜ政治はこのような敵／友の概念によって定義されることになるのだろうか？　我々にとって政治がとても大切なものだとして、その大切なものの中に敵と友という生臭い対立が現れてくるのはなぜなのか？　シュミットと同世代のもう一人の哲学者からそのことを考えよう。

二〇世紀初頭のドイツに生まれ、後にアメリカ合衆国に亡命*した女性の哲学者ハンナ・アレント*は、『人間の条件*』という著作の中で人間の行為を、〈労働〉〈仕事〉〈活動〉の三つに分類している。その中に、政治についての大変興味深い指摘がある。まずは一つずつその分類を確認していこう。アレントは人間が人間であるための条件、〈人間の条件〉を挙げながら、これら三つの行為を説明している。

一つ目の〈労働《レイバー》〉。これは食物や衣料品の生産など、人間が生き延びるために必要な消費財を作る行為を指す。〈労働〉の特徴は、それによって作り上げられたものが消費され、消えていくところにある。そのような消費財がなければ人間は生存できない。これはつまり「生命」という〈人間の条件〉のために必要な行為である。

二つ目の〈仕事《ワーク》〉は、人間が自然の中で生きていくために、この世界そのものを作り替えていくことを指す。たとえば、テクノロジーは自然の中に人工的な世界を作ることを可能にする。住居はテクノロジーがもたらす人工的な世界だ。〈仕事〉の特徴は、その対象の耐久性ないし永続性にある。したがって、目には見えないが存続し続ける仕組み（保険制度、政治制度、慣習など）もそこに含まれる。〈仕事〉は「世界」の中で生きねばならないという〈人間の条件〉のために必要な行為である。

三つ目の〈活動《アクション》〉は、人間が物を介さずに行う唯一の行為だと言われている。それに対応する〈人間の条件〉は「多数性」である。どういうことだろうか？　アレントが言っているのは実に当たり前のことである。人間は必ず複数人存在している。人間は一人ではなくて多数である。したがって、人間は必ず多数でともに生きなければならない。人間は互いに混じり合い、交流しながら生きることを運命付けられている。〈活動〉とは、この人間の交わりのことである。そしてアレントによれば、政治とはこの〈活動〉から生じる営みに他ならない。

アレントは多数性という〈人間の条件〉について次のように言っている。「確かに人間の条件のすべての側面が多少とも政治に関わってはいる。しかし、この多数性こそ、全政治生活の条件であり、その必要条件であるばかりか最大の条件である」。

多数性こそが政治の条件であるとはどういうことだろうか？　アレントの言うことを多少敷衍しながら考えてみよう。

人間が多数存在するとは――実に当たり前のことだが――それぞれに異なった、多種多様な人間たちが存在しているということである。そうしたそれぞれに異なる人間の間で、すなわち、複数の異なる意見の間で、合意を取り付けて決定を下すのが政治という〈活動〉に他ならない。人間が複数存在していなければ、政治は必要ない。人間が一人しかいないなら、人間は一人で好き勝手に行為すればよい。人間の多数性こそが、多数の人間の間を取りもつための政治という営みを要請する。

するとここから、政治そのものの本質が見えてくるだろう。人間は常に複数いる。政治はその間を取りもち、合意を取り付け、決定を下す。問題は、政治がもたらす決定が一つでしかありえないということである。たとえば、橋を作るか、それとも作らないかという問題に対する答えは、作るか、作らないかのどちらかでしかない。橋を作り、かつ、橋を作らないということはできない。政治がもたらす決定は一つでしかありえない。

このことは政治が、複数の人間と単数の決定を結びつける営みだということを意味している。人間は必ず複数人いて、一緒に生きなければならない。そのためには政治的な決定が必要であるが、その決定は一つでしかありえない。つまり政治とは、多と一を結びつけることである。これこそ、政治の条件に多数性を見るアレントの政治概念から引き出される政治そのものの定義、政治の本質に他ならない。

　ここに、政治というものの原理的困難がある。多と一は結びつかない。一は一であり、多は多である。橋の建設に関して、どこに作るか、どのようなものを作るか、そもそも作るのか作らないのか、様々な見解が存在しうる。しかし政治はそこから一つの決定を導き出さねばならない。これは原理的には無理である。政治は多と一を結びつけねばならないが、多と一を結びつけることはできない。政治が困難で厄介なのは、この原理的に無理なことをやっているからだ。

　先ほど我々は、カール・シュミットの政治の定義を見ながら、なぜ政治が敵／友の区別によって定義されるのかという問題を提示した。答えは簡単である。政治が、①多と一を結びつけるという無理な営みだからである。


（國分功一郎「来るべき民主主義」）

＊公法……国家や地方自治体と個人との関係を規律する法。憲法や刑法・国際公法・行政法などをさす。
＊カール・シュミット……一八八八—一九八五年。ドイツの法・政治学者。
＊美学……主に芸術作品を対象に、美しさの本質を論じる学問。
＊亡命……本国における宗教的・思想的・政治弾圧などを理由に、他国へ脱出すること。
＊ハンナ・アレント……一九〇六—七五年。ナチズムなど、全体主義について深く考究した。

◆文章2◆

　政治の本質的な契機は人間の人間に対する統制を組織化することである。統制といい、組織化といい、いずれも人間を現実に動かすことであり、人間の外部的に実現された行為を媒介としてはじめて政治が成り立つ。従って政治は否応なく人間存在のメカニズムを全体的に知悉していなければならぬ。たとえば道徳や宗教はもっぱら人間の内面に働きかける。従ってその働きの結果が外部的に実現されるかどうかということは、むろん無関心とはいえないけれども、宗教や道徳の本質上決定的重要性は持たない。内面性あるいは動機性がその生命であるがゆえに、たとえ人が外部的に望ましい行為をやったとしても、偽善や祟りへの恐怖心からやったのでは何にもならぬ。ところが、政治の働きかけは、必ず現実に対象となった人間が政治主体の目的通りに動くということが生命である。現実に人間を動かし、それによって既存の人間関係あるいは社会関係を、望まれていた方向に変えることが政治運動のキーポイントである。

　現実に動かすという至上目的を達成するために、政治はいきおい人間性の全部面にタッチすることになるのである。たとえば学問の人間に対する影響力はもっぱら人間の理性的部分を対象とする。従って学問的説得は、あくまで理性による理性に対する説得であり、相手が説き手の弁舌に感心したり、まるめこまれたり、あるいは説き手の人間的魅力にひきつけられてその説を承認したとしても、それは学問的説得とはいえない。恋愛の働きかけはもっぱら——というと言いすぎだが少なくとも大部分——人間の情動に訴えようとする。また商品取引というような経済行為の働きかけは主として人間の物質的欲望に訴える。これらに対し政治の働きかけは、理性であろうと、情緒であろうと、欲望であろうと、人間性のいかなる領域をも必要に応じて動員する。要するに現実に動かすのが目的なのだから、政治には働きかけの固有の通路がない。宗教も、学問も、経済も、それが政治対象を動かすのに都合がよければいつでも自己の目的のために使用する。だから逆にいうと、宗教なり学問なり恋愛なりの働きかけで、手段と目的との一義的連関を失って、要するに相手を自分に従わせること自体が至上目的となったときには、それはすでに自己を政治的な働きかけにまで変貌しているのである。

政治にとって政治目的通りに現実が動くということが生命だから、実際政治家の言動はたえず「効果」によって規定される。真理に忠実だとか自分の良心に忠実だとかいうことよりも、一定の言動なり事件なりが「味方」にどう影響するか「敵」をどう利するかということがつねに彼の羅針盤になっている。

従ってまた政治家の功罪に対する批判もどこまでも彼の政策が現実にもたらした結果によって判断さるべきであり、彼の動機の善悪は少なくも第一義的な問題とならない。政治家の責任は徹頭徹尾結果責任である。

ともかく政治家がもっぱら現実の効果を行為の規準にするところから、政治家はある意味で俳優と似て来る。例えばアジテーション*の演説に巧みな政治家はそのポーズや発声法の効果に絶えず腐心する。背後の真実の自己と、効果を考えての「演技」とは遊離しがちである。そこに政治的なもののいやらしさが発生する。

（丸山眞男『丸山眞男集』第三巻　岩波書店）

*アジテーション……扇情的な言葉を用いて人々の感情をあおること。

◆資　料◆

しかし、「私」と「あなた」を正確に観測することなど、できるのでしょうか。当事者どうしで不可能なら、第三者に意見を言ってもらうこともできますが、それだって観測者は人間です。

そもそも、「私」も「あなた」も、日々変化しています。機嫌がいいときの「あなた」と、悪いときの「あなた」は違います。前者が誤解だった、後者がほんとうだった、正確な認識が達成された、という考え方に立てば、「そんな人とは思わなかった」ということになりますが、そういうものでしょうか。永遠不変の「あなた」の本質など、わかるのでしょうか。

むしろ、こう考えられないでしょうか。「あなた」の本質などというものは、人間には観測できない。ただ、そのときそのときに、この世に現れた（現象した）姿が見えるだけだ、と。

じつは「現象」と訳されている言葉は、古代ギリシャでは「イデア*」と対置される、移ろいやすいこの世に現れた影のようなもの、という意味の言葉でした。それは無視して本質を把握すればいい、という考え方もあります。しかし現象学は、その移ろう現象とはどういうものであるのか、どう向かいあえばいいのか、を考えたわけです。そしてこの現象学が、「理性を行使する主体」という考え方が崩れたあとの思想界に、影響を与えていくことになります。

それでは、「あなた」の本質は観測できないとして、「私」はわかるのでしょうか。「私のことは私がいちばんよく知っている」とは言えません。相手から指摘されて初めてわかることもあります。しかし、けんかの相手から指摘されても、それは誤解だ、あるいは一面的だと感じます。では第三者ならわかるかといえば、それもあてになりません。

そもそも「私」というものも、日々変化しています。相手と仲良くしているときと、けんかをしているときでは、自分でも「自分はこんな人間だったのかな」と認識を新たにすることがあります。

それでは、こう考えたらどうでしょうか。最初から「私」や「あなた」があるのではなくて、まず関係がある。仲良くしているときは、「すばらしいあなた」と「すばらしい私」が、この世に現象します。仲が悪くなると、「悪逆非道なあなた」と「被害者の私」が、「私」から見たこの世に現象する。これを、「ほんとうは悪逆非道なあなたのことを、私は誤認していた」と考えるのではなく、そのときそのときの関係の両端に、「私」と「あなた」が現象しているのだ、と考える。

つまり、②関係のなかで「私」も「あなた」も事後的に構成されてくる、と考えるわけです。関係のなかで作られてくるわけですから、どちらが正しいということは言えません。向こうが怒ればこちらも腹が立ちます。向こうが笑えばこちらも警戒心を解きます。関係は変化しますから、「私」も「あなた」も変化します。おたがいが、作り作られているのです。

このことを、「私」と「あなた」はもともとあって、それが相互作用をしたのだと考えるなら、向こうが笑ったからそれを認識して反応したのだ、と考えます。しかしここでは、関係があって「私」も「あなた」も構成された、と考えます。

この考え方に立つと、けんかというのは、どちらが悪いということは言えません。関係が悪いのです。悪い関係の両端に、「私」にとっては「悪いあなた」が構成され、相手にとっては「悪い私」が構成されるわけです。

（小熊英二『社会を変えるには』講談社現代新書）

＊イデア……本来は、見られたもの、という意味。プラトン哲学の用語で、時空を超越した非物体的・絶対的な永遠の実在を表す。

問一 「政治の本質とは何か」を主題として、【文章1】の論旨を次のように整理した。空欄A～Cに当てはまる内容をそれぞれ書きなさい。ただしA・Cは一〇字以内、Bは二〇字以内とする（句読点を含む）。（15点／各5点）

シュミットは、人間の営みのどんな分野でも、それを特徴付け、定義する究極的な区別があり、とりわけ政治の分野においては、それは［ A ］であるという。他方、アレントは、人間の多数性こそが政治の条件であるという。アレントにとって政治とは［ B ］であり、さらに抽象化すれば［ C ］ことなのである。

A
									10

B
									10
									20

C
									10

問二 傍線部①とあるが、そのように言えるのはなぜか。次の指示を満たすように説明しなさい。（10点）

（1）二つの文に分けて、全体を八〇字以上、一二〇字以内で書くこと（句読点を含む）。

（2）一文目は「政治とは」という書き出しで始めること。

（3）二文目は「しかし」で書き始め、「からである。」という文末で結ぶこと。

10	20	30	40	50	60	70	80	90	100	110	120

問三 【文章2】では、政治という営みの現実にそって、「政治的なもののいやらしさ」という性質の生じる理由が論じられている。その内容を、次の指示を満たすようにまとめなさい。（10点）

（1）八〇字以上、一二〇字以内で書くこと。

（2）「政治の目的」「政治が利用する手段」「演技」という三点を中心

にまとめること。

問四　【資料】では、【文章1】や【文章2】とは異なる観点での、社会や政治への向きあい方が述べられている。傍線部②の考え方を用いて、【文章1】で政治の本質として紹介されている「敵・友」の関係を見直すとすると、どのようになるか。八〇字以上、一二〇字以内で書きなさい（句読点を含む）。（15点）

評論 ⑤ バイリンガリズムの政治学

今福龍太《いまふくりゅうた》（『国語総合　改訂版』）

/50

次の【文章1】【文章2】と【文章3】は、移民・難民問題を討議するにあたり、ある国語教室で用意されたものである。これらの文章を読んで、後の問いに答えなさい。

◆文章1◆

*ロサンジェルスから*インターステイト五号線を車で一気に南下すること一時間、*サンディエゴからほぼ六〇*マイル手前の*フリーウェイ上に、それまで見たこともない奇妙な道路標識が突然現れる。そのやや横長の大きな標識には、注意や警告のメッセージであることを示す黄色の地に、くっきりと三人の黒い人影が描かれている。一見してそれは、父親を先頭に手をつなぎ、急いで道路を横断しようとする一組の家族らしく、母親の手に引きずられるようにして走る少女のお下げ髪がなびいている様子から、どこか尋常でない緊迫感が漂ってくる。

なにやらただならぬ気配にみちたこの黒いシルエットの人物たちの上に大きく、英語でCaution（注意！）とあることから判断して、これはアメリカ合衆国のフリーウェイ上でよく見かける家畜や野生動物の標識とおなじく、道路を横断するものに気をつけよという警告であることはただちに理解できる。だがその横断するものが人間であると特定され、しかも子供を連れた家族でありうる、という標識が示す現実に気づいたとき、私たちは一気に認識の不条理へと突き落とされるような感覚を味わう。道路標識という制度的・即物的リアリティと、その背後に想定されている社会的現実の意味との①乖離に直面して混乱するからだ。

いうまでもなくこの標識は、サンディエゴ―*ティファナのあいだに引かれた国境線を不法に侵犯して密入国するメキシコ人が、深夜このあたりのフリーウェイを国境警備官の目を逃れるようにして横断するという現実に対応して設置されたものである。ある記録によれば、この六年間で一四〇人を超えるメキシコ人が、横断途上に、猛スピードで夜の闇を走ってくる車に轢《ひ》かれて即死した。荒涼とした砂漠地帯で街の灯もなく、優に七〇マイル（一一〇キロ余り）を超す速度で走行する車にとって、人影が見えた時点でブレーキをかけてももう手遅れだ。証明書類を持たずにアメリカ合衆国の領土へ入ったメキシコ人たちの決死の逃避行と、その悲惨な最期。こうした事故の頻発の事実は、私たちを驚かせるに充分な社会的リアリティを具《そな》えているが、標識はその原因や背景についてはもちろん何も語らない。ただそれは、密入国者の道路横断という現実に対応してドライヴァーの注意と制限速度厳守を告知するという点において、道路交通の論理と倫理にかなった標識であるように見える。

だが私たちを不条理な混乱へと突き落とす真の要因は、この標識の下に掲げられている、もう一つの言葉にある。そこにはスペイン語でProhibido《プロイビード》（禁止！）とあるのだ。これを、二か国語による同一表示であると早合点してはいけない。なぜならば、上の文字「注意！」とは、横断者をはねないようにという運転者への呼びかけであるのに対し、下の文字「禁止！」とは運転者に対してのものではなく、あきらかに横断者に対してその横断行為を禁じる警告となっているからだ。運転者と横断者との双方に対して、同時に別々のメッセージを異なった言語によって伝えようとする交通標識とは、それじたい、きわめて例外的で奇妙に矛盾したものであるといわざるをえない。

さらに重要なのは、そのメッセージが向けられる複数の対象が、それぞれ特定の民族的・文化的実体を具えた集団として想定されているという点である。英語で「注意！」と呼びかけられる運転者とは、この場合、英語を解し、自動車を所有し、なかば恒常的にフリーウェイをロサンジェルスからサンディエゴまで利用する、基本的にアングロ*系のアメリカ人である。一方、スペイン語で「禁止！」と警告されているのは、いうまでもなく英語を解さない密入国のメキシコ人や中米人であって、彼らのフリーウェイの横断とはつまりアメリカという国家権力の網目をくぐり抜ける違法行為であるとここで明示されていることになる。一つの標識が、二つの異なった言語によって修飾されることで、それは加害者と被害者、順法者と違反者、追跡者と逃亡者、権力者と弱者をみごとに弁別し、それら二者のあいだに横たわる暴力的な社会関係の所在を鋭く照らしだすことになる。

政治的ボーダー*が、規律と経済と感情によって充満する社会空間を二つに切り裂き、そこに意味論と価値観をめぐる不均衡な亀裂を現出させるときの不条理な光景を、この道路標識は代表している。高速運転、惰性、速度違反、不注意といった加害者側の特性と、不法入国、逃避、無理な横断、轢死《れきし》という被害者側の物語の対照は、この両者が論理的な対応関係にあればあるほど、かえってアメリカ人とメキシコ人の社会条件の非連続と差異をきわだたせる。文化的抑圧や疎外の一方的な構図を、これほどまでにみごとに一つの記号として凝縮しているものも、ほかにないというべきかも知れない。

だが、この標識の意味論*をそのように理解し、その現実的な社会背景を可能なかぎり精確に想像するやいなや、もう一つのとっぴな連想がそこから離陸してゆくことを私たちは抑えることができない。②英語とスペイン語のあまりにみごとな転換のレトリック*に、私たちは違和感を感じはじめるのだ。根本的な疑問が次々と点滅しはじめる。そもそも、「これはいったい誰のための標識なのか？」「誰に語りかけているのか？」「語る主体はどこにいるのか？」。疑問を突き詰めるうちに、その言語的亀裂の不条理のなかから、機知をともなった文化批判がうまれてくる。砂漠を突き抜けて走る高速道路脇にポツンと建つ無人称の標識は、その意味論をまったく逆転させて考える解釈可能性をじつは隠し持っているのではないか。すなわち、「注意！」というメッセージを、メキシコ人に対する「注意して横断しなさい」という助言として読み、「禁止！」という文字を、アメリカ人運転者に対する「横断者を轢き殺すことの禁止」と読むことは、まったく不可能なのだろうか。英語とスペイン語の表記を入れ替えるだけで、標識のメッセージはまさに正反対の二者関係を逆説的に示すことができるかもしれないのだ。

③政治的テリトリー*の越境者の存在と、それに制度的に対処しようとする権力者とのあいだの紛争が生みだしたともいえるこうした標識は、文化の境界線上に生起しつつあるあらゆる対抗関係をさししめすとともに、そうした二項対立的な諸関係のまさに隙間を突き崩すことによって、新たな表現にむけての突破口をひらくための④言語的な方法のありかを示唆している。

（今福龍太「バイリンガリズムの政治学」）


*ロサンジェルス……アメリカ合衆国カリフォルニア州の西海岸最大の都市。

*インターステイト……アメリカ国内の主要都市を結ぶ州間高速道路網。

*サンディエゴ……カリフォルニア州の都市。メキシコとの国境近くにある。

*マイル……長さの単位。一マイルは、約一・六キロメートル。

*フリーウェイ……高速道路。

*ティファナ……アメリカとの国境にあるメキシコの都市。サンディエゴから車で一五分ほどの距離にある。

*アングロ系……ここは、白人の意。先住民やスペイン・メキシコ系の人々と特に区別する際に使われる。

*ボーダー……境界。

*意味論……記号とそれが指示する内容との関係性を扱う学問。

*レトリック……修辞法。巧みな言語表現やその技法のこと。

*テリトリー……領域。領土。

◆文章2◆

政治とは何かについては、もちろんいろいろな考え方があるが、近代の政治は、境界線によって支えられてきた。例えば地面の上にヴァーチャル*な線を引いて、ある領土（テリトリー）を囲い込む。こうした空間的な囲い込みは、単に物理的に空間の利用を限定するにとどまらず、その空間内で起こる出来事についての最終的な決定単位としての主権の観念と結びついてきた。領土を持つ（テリトリアル）国家が、その領土内のすべての事柄について、管轄するものとされたのである。領土内の事柄について、境界線の外部から口を出すことはできないし、境界線の内部に、国家に対抗できる勢力もないというのが、主権の意味である。そして、こうした主権国家が境界線を接してひしめき合うことによって、一種のモザイク*状態が生まれ、それによって、管轄されない事柄、決定権力の及ばない領域などはなくなるものと想定されていた。これが、地球を国家（ステート）によって管理するという枠組みにほかならない。

こうした空間的な囲い込みに伴い、もう一つの囲い込みもまた進行した。人間の群れの囲い込みである。特定の人々を国民（ネーション）として囲い込み、それらの人々の運命に特別の関心を寄せることが一般的になった。境界線の内部の群れが大きくなり、より健康になり、より豊かになることが国益（ナショナル・インタレスト）とされる。そして、国家は国益の守護者としてふるまうというのが、国家理性の観念である。国家理性は、普遍主義的な配慮につながるものではない。むしろそれは、境界線の内部からさまざまな問題やリスクを外部に排出することによって、内部の最適化を図るものである。その意味で、国家理性は本来的に偏狭である。政治の目的を、「人が人に対して狼である」自然状態からの離脱に見出だしたホッブズ*こそは、近代の政治的な枠組みを最も鮮明に示した人物である。しかし、ある境界線の内部から自然状態を排除することは、境界線の外部との間に自然状態を生み出すことと引き換えであった。国内政治と国際政治は、こうして表裏一体のものとして成立する。

（杉田《すぎた》 敦《あつし》『境界線の政治学』岩波現代文庫）

＊ヴァーチャル……仮想の。仮の。
＊モザイク……石・ガラス・貝殻・木などの小片を寄せて作る絵または模様。
＊ホッブズ……イギリスの思想家。元来、社会は「万人の万人に対する闘争状態」である「自然状態」にあるとした。

◆文章3◆

私たちは必ずや「すでに存在する言葉」の中に生まれてくる。

私は日本語話者であるが、この言語学的環境を私は自分で選んだわけではない。しかし、私の思考や経験の様式は、私が現に用いている日本語によって深く規定されている。そればかりか、私自身の思考が日本語によってどのように制約されているのかを問うときでさえも、私はその反省を「私自身の思考を制約している当の日本語」を用いてしか行うことができない。

この「出口のない」＊ループの中に私たちは閉じ込められている。この閉じられた存在の仕方の元型を私たちは＊プラトンが『国家』で引いた「洞窟の比喩」に見ることができる。

洞窟の中に生まれ、手足を縛られて、洞窟の奥のスクリーンに繰り広げられる「影絵人形芝居」だけを眺めて育ってきた人間がいるとする。その人は、影絵の世界こそが真実の世界だと思い込んでいる。だから、かりに無理に洞窟の外に引き出されて現実の陽光を示されても、眩しく眼は痛み、陽光から目を背けて、踵を返して洞窟の中に帰ろうとするに違いない、とプラトンは書く。

彼は、苦しがり、引っぱっていかれることに苦情を言い、いざ太陽の光の見えるところに来たとしても、眼は光輝に満たされて、いまや真実であると言われているものは、一つも見ることができないのではなかろうか。

私たちそれぞれの言語は私たちそれぞれの洞窟であり、私たちが真実の経験であると思い込んでいるものはそれぞれの穴居生活に固有の「影絵芝居」なのかも知れない。だからといって、「地下の住居から、力ずくで」誰かに引っぱり出されても、私たちにはそこで輝いているのが「陽光」であるのか、別の洞窟で演じられている「眩しい影絵芝居」であるのかを判定する権利を持たない。

おそらく、心の弱い人間は、陽光から眼をそらして、もとの洞窟に戻してくれと泣訴するだろう。洞窟の中の暗闇は、ある意味では、母の胎内にも似た居心地のよい場所でもあるからだ。そこにとどまる限り、自分の見ているものが「現実」であるのか「影絵」であるのかの判定に苦しむ必要もないし、果たしてその真偽を判定する権利が自分にあるのかという答えられない問いを引き受ける必要もない。

しかし、人間は「洞窟の外」へ引き出されるという＊宿業を負っている。というより、そのような苦痛を引き受けるものだけが「人間」と呼ばれるのである。

（内田《うちだ》樹《たつる》「他者の言葉」角川oneテーマ21『女は何を欲望するか?』所収）

＊ループ……輪。輪状のもの。
＊プラトン……古代ギリシャの哲学者で、ソクラテスの弟子。私たちが生きる現実世界と、事物の真の姿が存在するイデア界を区別する二元論的認識論において、後の哲学に大きな影響を残した。
＊宿業……仏教用語。現世で報いを受ける、前世に行った善悪の行為。

問一 傍線部①の「乖離」とはどのようなことか。その内容として最も適当なものを次から選び、記号で答えなさい。（10点）

ア　高速道路上に迷い込む家畜や野生動物に運転者の注意を喚起するための道路標識が、密入国をする中南米の人びとにも動物並みに拡大適用されることへの違和感のこと。
イ　特定のメッセージを特定の人びとに誤解なく伝達することを目的とする道路標識が、異なる言語による二重のメッセージを発していることによる意味上の混乱のこと。
ウ　道路交通の論理にかなった物理的標識を装うことで、異なる言語話者の間にある抑圧と差別に気づかせようとしているという政治的な効果のこと。
エ　道路標識上に異なる言語を用いた異なるメッセージを並置することで、国境線で区切られた異なる言語集団に存在する差別と分断とを正当化する手段としていること。
オ　抑圧者と被抑圧者の存在する暴力的な社会的現実的ゆえに生み出されたにもかかわらず、あたかもその現実とは無縁の、中立的な標識として存在していることの異様さのこと。

問二 傍線部②とあるが、これはどのようなことか。その内容として最も適当なものを次から選び、記号で答えなさい。（10点）

ア　物理的標識に異なる言語による指示を並置することで、国境線を挟んだ異なる母語の話者集団を平等にあつかっているかのような見かけを与えること。
イ　話者が互いに他の言語を理解できないということを前提に、異なる言語による異質のメッセージを同時に発することが生む矛盾を巧みに隠していること。
ウ　単に母語を異にする話者に対応しているようにみえながら、言語を異にする話者集団の間にある差別と分断を自然なもののように固定化させていること。
エ　異なるメッセージを同時に発信することは受信者に混乱と不信を招くはずであるが、異なる言語を併用し話者を区分することで伝達を可能にしていること。
オ　スペイン語と英語の指示内容が異なることから、その指示内容に応じた価値の上下関係が言語自体に存在することを暗示していること。

問三 傍線部③「政治的テリトリー」とは、「国境線」という境界線を引くことで区別された「内部」のことであるが、「境界線を引く」ことはどのような効果をもたらすか。【文章2】をふまえて、次の指示を満たすようにまとめなさい。(15点)

(1) 二つの文に分けて、全体を八〇字以上、一二〇字以内で書くこと(句読点を含む)。
(2)「主権国家」「内部」「外部」という三つの語を用いること。
(3) 一文目は、境界線を引くことと「主権国家」との関係について書くこと。
(4) 二文目は、区分された「内部」と「外部」の関係について書くこと。

10 20 30 40 50 60 70 80 90 100 110 120

問四 傍線部④の「言語的な方法」は現代世界の「二項対立的な諸関係」(政治的・経済的・民族的・宗教的・文化的対立)を突き崩すものと考えられている。この「言語的方法」にはどのような可能性があると考えられるか。【文章3】をふまえて、次の指示を満たすように説明しなさい。(15点)

(1) 二つの文に分けて、全体を八〇字以上、一二〇字以内で書くこと(句読点を含む)。
(2) 一文目は、言語(母語)と「洞窟の比喩」との関係について書くこと。
(3) 二文目は、「しかし」という語で始めて、異なる言語文化に出会うことと「洞窟の外」へ出ることについて書くこと。

10 20 30 40 50 60 70 80 90 100 110 120

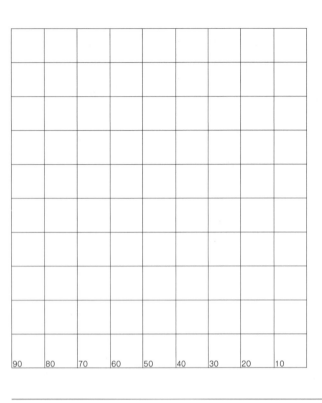

120 110 100 90 80 70 60 50

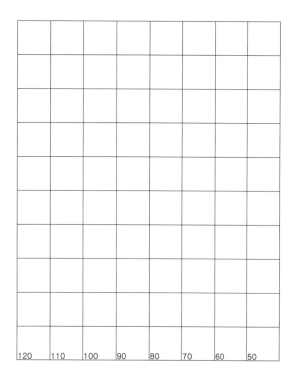

評論 ⑥ 失われた両腕

清岡卓行《きよおかたかゆき》（『精選国語総合　改訂版』）

/50

生徒たちは、国語の授業で【文章1】を読んでから、関連する資料として【図版1】【図版2】、および【詩】と【文章2】を持ち寄り、これを検討しながら【対話】を行った。これらを読んだ上で、後の問いに答えなさい。

◆文章1◆

ミロ*のヴィーナスを眺めながら、彼女がこんなにも魅惑的であるためには、両腕を失っていなければならなかったのだと、ぼくはふとふしぎな思いにとらわれたことがある。つまり、そこには、美術作品の運命という制作者のあずかり知らぬなにものかも、微妙な協力をしているように思われてならなかったのである。

パロス産の大理石でできている彼女は、十九世紀の初めごろメロス島で、そこの農民により思いがけなく発掘され、フランス人に買い取られて、パリのルーヴル*美術館に運ばれたと言われている。そのとき彼女は、その両腕を、故郷であるギリシアの海か陸のどこか、いわば生ぐさい秘密の場所にうまく忘れてきたのであった。いや、もっと的確に言うならば、彼女はその両腕を、自分の美しさのために、無意識的に隠してきたのであった。よりよく国境を渡っていくために、そしてまた、よりよく時代を超えていくために。このことは、ぼくに、特殊から普遍への巧まざる跳躍であるようにも思われるし、また、部分的な具象の放棄による、ある全体性への偶然の肉迫であるようにも思われる。

ぼくはここで、逆説を弄しようとしているのではない。これはぼくの実感なのだ。ミロのヴィーナスは、いうまでもなく、高雅と豊満の驚くべき合致を示しているところの、いわば美というものの一つの典型であり、その顔にしろ、その胸から腹にかけてのうねりにしろ、あるいはその背中のひろがりにしろ、どこを見つめていても、ほとんど飽きさせることのない均整の魔がそこにはたたえられている。しかも、それらに比較して、ふと気づくならば、失われた両腕はある捉えがたい神秘的な雰囲気、いわば生命の多様な可能性の夢を深々とたたえている。つまり、そこでは、大理石でできた二本の美しい腕が失われたかわりに、存在すべき無数の美しい腕への暗示という、ふしぎに心象的な表現が思いがけなくもたらされたのである。それは、確かに、なかばは偶然の生みだしたものだろうが、なんという微妙な全体性への羽ばたきであることだろうか。その雰囲気に一度でもひきずり込まれたことがある人間は、そこに具体的な二本の腕が復活することを、ひそかに恐れるにちがいない。たとえ、それがどんなにみごとな二本の腕であるとしても。

したがって、ぼくにとっては、ミロのヴィーナスの失われた両腕の復元案というものが、すべて興ざめたもの、滑稽でグロテスクなものに思われてしかたがない。もちろん、そこには、失われた原形というものが客観的に推定されるはずであるから、すべての復元のための試みは正当であり、ぼくの困惑は勝手なものだろう。しかし、失われていることにひとたび心から感動した場合、もはや、それ以前の失われていない昔に感動することはほとんどできないのである。なぜなら、ここで問題となっていることは、表現における量の変化ではなくて、質の変化であるからだ。表現の次元そのものがすでに異なってしまっているとき、対象への愛と呼んでもいい感動が、どうして他の対象へさかのぼったりすることができるだろうか？　一方にあるのは、おびただしい夢をはらんでいる無であり、もう一方にあるのは、たとえそれがどんなにすばらしいものであろうとも、限定されてあるところのなんらかの有である。（中略）

選ばれたどんなイメージも、すでに述べたように、失われていること以上の美しさを生みだすことができないのである。もし真の原形が発見され、そのことが疑いようもなくぼくに納得されたとしたら、ぼくは一種の怒りをもって、その真の原形を否認したいと思うだろう、まさに、芸術というものの名において。

ここで、別の意味で興味があることは、失われているものが、両腕以外のなにものかであってはならないということである。両腕でなく他の肉体の部分が失われていたとしたら、ぼくがここで述べている感動は、おそらく生じなかったにちがいない。たとえば、目がつぶれていたり、鼻がかけていたり、あるいは、乳房がもぎとられていたりして、しかも両腕が、損なわれずにきちんとついていたとしたら、そこには、生命の変幻自在な輝きなどたぶんありえなかったのである。

なぜ、失われたものが両腕でなければならないのか？　ぼくはここで、彫刻におけるトルソ*の美学などに近づこうとしているのではない。腕というもの、もっときりつめて言えば、手というものの、人間存在における象徴的な意味について、注目しておきたいのである。それが最も深く、最も根源的に暗示しているものはなんだろうか？　ここには、実体と象徴のある程度の合致がもちろんあるわけだが、それは、世界との、他人との、あるいは自己との、千変万化する交渉の手段である。いいかえるなら、そうした関係を媒介するもの、あるいは、その原則的な方式そのものである。だから、機械とは手の延長であるという、ある哲学者が用いた比喩はまことに美しく聞こえるし、また、恋人の手をはじめて握る幸福をこよなくたたえた、ある文学者の述懐はふしぎに厳粛なひびきをもっている。どちらの場合も、きわめて自然で、人間的である。そして、たとえばこれらの言葉に対して、美術品であるという運命をになったミロのヴィーナスの失われた両腕は、ふしぎなアイロニーを呈示するのだ。ほかならぬその欠落によって、逆に、可能なあらゆる手への夢を奏でるのである。

（清岡卓行「失われた両腕」）

*ミロのヴィーナス……古代ギリシアの大理石像で、一八二〇年にメロス島で発見された。
*ルーヴル美術館……フランス国立美術博物館。
*トルソ……頭や手足のない胴体だけの彫像。

◆図版1　ミロのヴィーナスの復元案◆

◆図版2　リミニのアウグストゥス帝の記念門◆

◆詩◆

じっと視つめていると
どんな舞踊の波うつ軽い指よりも
どんな眠りの無心の甘い指よりも
性を超えて　しゃぶりつきたくなる
きみの静かな思惟《しゆい》の
しなやかな右手の中指。

ああ　瞑想する人間の指は
ときとしてまったき不動のかたちで
なぜそんなにも　蠱惑《こわく》的であるのか?

たなごころは手首から
意識の充実に　微かに反って
親指と薬指は　選ばれた喜びと懼《おそ》れの
小さくでこぼこした円を描き
人さし指と小指は　べつべつに
周囲の世界の沈黙に　ふと
気おされたように撓《たわ》みかけている。
それらの中央で　中指は
たとえば　阿鼻叫喚の地獄の空の
どんな色を思い浮かべたりしているのか?
*釈迦牟尼仏《しゃかむにぶつ》の最も聡明な弟子
*弥勒菩薩《みろくぼさつ》の面影をかたどるという
古ぼけた赤松の像の
心ときめく指のかたちよ。
それを刻んだ　心貧しい
どこかの無名の天才の彫り師よ。
未来の救世主にふさわしい
どんなに遠い夢の構図が
どんなに神秘な内部の悟りが
そこに深く湛えられようとしたのか?
ぼくは知らない。
釈尊の最も端麗な弟子
弥勒をいみじくもあらわすという
一木造りの素朴な像よ。
ぼくには見えないのだ
きみの華やかな思念の渦が
きみの壮大な宇宙の絵図が。

ぼくに感じられるもの　それは
人間の涯しない未来にまどろみ
そのことで幸福そうになっている
きみのふしぎな体温
きみの和やかなこころだけだ。

無意味であるかもしれない　この
いびつな世界の中で　ひたすら
座標軸そのものであろうとするような
きみの静かな情緒。
上半身は裸でありながら
自分の肉体を
いつのまにか忘れてしまっている放心。
きみはもう　男でも女でもない。
裳をまとう足は半跏《はんか》に組んで
左の手を　その上に休ませ
胸は　大昔の
仏教が盛んに伝播されたころの
空気をいっぱい吸いこんだままだ。
奇妙な時間にさらされている存在。
しかも
謎めいてあでやかな容姿。

典雅に　涼しく
きみの細長い中指は
なかば無用のオブジェと化し
自分の右の頰に　そっと
無辺な慈悲のこころ
澄みきった解脱のこころを
まるで　若く美しい生命の
深い羞じらいのように告げている。

だから　ぼくは
ときたま荒れ狂う　ぼくなりの
すさまじい記憶の台風の眼の中で
何の前提もなしに
ふと　思ったりするのだろうか?
きみの思惟の指は
それより高くあっても　また
それより低くあってもならない位置で
実は　感覚的に
この地上の人間の高貴を
示しつづけているのではないかと。

しかし　それはおそらく
忘れがたい醜悪と無残の中の
気が遠くなるほど長く絶望的な忍耐。
そして
死ぬほどさびしい安らぎ。

睡蓮の花のようにほとんど閉じられた
切れ長の瞳も。
洞窟のように開かれた大きな耳
その異様に垂れさがった耳朶も。
左右の眉からそれぞれ鼻梁へかけて
つと　星が流れ去ったような
鋭い線も。
わずかに微笑んでいる唇の
蝶の翅《はね》のようにくっきり刻まれた
淡く肉感的な形も。
細い腰も。
髪も。

すべては未来への夢がせりあがる
その指先の方向に
優しく溶けているのではないか。
溶けて
無為の眠りにも似た
恍惚にひたされているのではないか。
きみに欠けているもの　それは
荒荒しい野性の力。
ときとして世界をくつがえす
抑えがたい粗暴な正義。
そのことが　不意に
愛撫への疼《うず》きに似た　やるせない
きみへの憧れを誘うのだ。

（清岡卓行「思惟の指」講談社文芸文庫『手の変幻』所収）

＊釈迦牟尼仏……仏教の開祖・釈迦の敬称。
＊弥勒菩薩……釈迦の次に仏としての悟りに至るとされる、未来仏。釈迦の死後、五六億七〇〇〇万年後に仏となりこの世に現れ、釈迦の教えで救われなかった人々を救済すると言われる。

◆文章2◆

「どうして移ろい易い姿を描く必要があるのだろう。」サンドロはある夏の午後、郊外の果樹園で私にこう話したことがある。もう親方のもとで壁画の下絵塗りを任されている頃であった。「ぼくは草花を描くとき、草花のなかで萎《しお》れも枯れもしないものだけを描く。だって、フェデリゴ、＊アルノ河の堤の桜草とオルチェルラリ庭園の桜草とは別々の桜草なのに、そのどちらも同じように見えるじゃないか。アルノの桜草が萎れても、オルチェルラリの桜草は美しく咲いている。つまりね、」サンドロの薄い眼蓋《まぶた》がひくひくと動いた。「つまり桜草の一つ一つは芽を出して、花を開いて、そして萎れてゆくけれど、そのどれもが同じ〈桜草の姿〉を現しているんだ。ぼくたちはアルノ河の桜草を見たり、オルチェルラリの桜草を見たりしていると思っている。しかし本当は、その桜草の一つ一つが体現している〈不変の桜草の姿〉を見ているのじゃないだろうか。そうなんだ。アルノ河の桜草も、その〈不変の桜草の姿〉を自らの形で描きだしている。オルチェルラリの桜草だってそうなのだ。そしてぼくらはこの〈不変の桜草の姿〉をそこに見ているので、一方が萎れても、他方が同じ桜草だと認めることができるのだ。〈移ろい易い〉のは、この一つ一つの桜草のことなんだ。それは咲いて萎れる。そうだ。死に委ねられているんだ。しかしその桜草が自ら描いている〈不変の桜草の姿〉は決して萎れない。それは死を免れているんだ。ぼくが描きたいと思うのは、物象のなかに浮かんでいるこの〈不変の姿〉なのだ。ちょうど水盤の水のうえを夏の雲が美しく映って過ぎてゆくけれど、水盤の水は動かないように、この〈不変の姿〉のなかを個々の物が現れて消えてゆくんだ。ぼくは〈不変の桜草の姿〉のなかをアルノ河の桜草やオルチェルラリの桜草が現れて散ってゆくのを見ているんだよ。」

私たちの頭上で、*トスカナの暑い夏の午後の陽が燃えていた。青い空が木立の向こうに見えていた。私は冷んやり湿った草のうえに仰向けになっていた。時おり乾いた風が、日なたの熱気を伝えてきたが、濃い杏子《あんず》の木かげは涼しさをたっぷりと抱えこんでいた。サンドロは地面のうえに隆起したごつごつした根を枕にして、同じように仰向いていた。

（辻邦生《つじくにお》『春の戴冠1』中公文庫）

＊アルノ河……ファルテローナ山を水源とし、イタリア中部を横断してティレニア海へと注ぐ川。全長約二四〇キロメートルにおよぶ。

＊トスカナ……イタリア中部に位置する州。フィレンツェを州都に持つ。

◆対話◆

先生 さて、最初の作業として【文章1】で述べられていることの要点を、二点に分けてまとめてみよう。どうかな。

テルオ 一点目は、ミロのヴィーナスが両腕を失っていることで、かえって完全な美の表現になっていること、二点目では、手というものが千変万化する交渉の手段という象徴的意味をもっていると述べて、［ A ］とまとめています。

先生 そうだね。ケンタロウ君、君の持ってきた【図版1】について説明して。

ケンタロウ 最初のものは、一九世紀ドイツの美術史家アドルフ・フルトベングラーによる両腕の復元図の例です。【文章1】で言われているように、「失われていること以上の美しさ」を生みだしていないと感じました。【図版2】は、一八世紀イタリアの画家ジョヴァンニ・バッティスタ・ピラネージによる「古代ローマ時代の廃墟」を描いた版画です。

先生 面白いね。どうしてこの版画に惹《ひ》かれたのかな。

ケンタロウ 廃墟というものには、不思議に人間の想像力を駆りたてる魅力があると感じます。

テルオ 松尾芭蕉《まつおばしょう》にも、かつての平泉の栄華を回想した「五月雨の降りのこしてや光堂《ひかりどう》」という句があります。【文章1】の表現を借りれば、廃墟という喪失によって、［ B ］ことが、想像力のはたらきではないでしょうか。そして、それは人間の心を深くするように思えます。

ナオ 女優の市原悦子《いちはらえつこ》さんが、『市原悦子　ことばの宝物』の中でこんなことを言っています。年をとって思うように動けなくなって、

「そうするとね、かなわぬ分だけ思いが膨らむんです。喜びも悲しみも、悔しさも夢もみんな深さが出る。」ないからこそある、ということですね。

チサト　思い出したのだけれど、親戚のおじいさんが、こんなことを言っていました。敗戦後の東京は、一面に焼かれた廃墟となっていたけれど、そこには、不思議な明るさと自由な感じがあった、と。

先生　そうだね。混沌や悲惨がかえって強いユートピアへの願望を生む。①ないからこそ、いのちがいとおしくなり、思いが深くなり、いろんなしがらみから解放されて、生命の多様な可能性を夢みる。喪失や虚無をてこに、生命の充実や豊かさに反転していこうとする意思が、【文章１】にもあるね。

ナオ　私の持ってきた【詩】のなかで、詩人は、現実の世界で荒れ狂う「粗暴な正義」に対して、思惟の指に、「地上の人間の高貴」を象徴させています。指は止まったまま、動こうとせず、世界の可能性を夢みている。しかし、それは逆に、思惟の中で
［　C　］
を考え準備している状態と言えます。ここでも、ないからある、いや、あろうとする、と言えるのではないでしょうか。

チサト　私がもってきた【文章２】は、一五世紀ルネッサンス期に活躍したイタリアの画家、サンドロ・ボッティチェリを主人公とした小説の一節です。芸術家というものがどういうものか、その表現は何をめざしているのかが描かれています。それは、②なくなるからありつづけさせようとすること、と言えるのではないか、と思います。

先生　なるほど、ないからこそある、永遠の形に残そうとする、それが芸術であり、想像力のはたらき、だということになる。ある哲学者が、想像力とは「事物を変形する力だ」といっているが、同じことだね。

問一　【文章１】の表現をふまえて、空欄Ａに当てはまる最も適切な文を三〇字以内で書きなさい（句読点を含む）。（５点）

問二　【文章１】の表現をふまえて、空欄Ｂに当てはまる最も適切な文を一五字以内で書きなさい（句読点を含む）。（５点）

問三 傍線部①は、【文章1】のどのような内容と関連して述べられたと考えられるか。文末を「こと。」で結ぶ形で、五〇字以内で書きなさい（句読点を含む）。（15点）

問四 空欄Cで、ナオさんはどのようなことを言ったと考えられるか。その内容を二〇字以内で書きなさい（句読点を含む）。（10点）

問五 傍線部②で、チサトさんが言っているのはどのようなことか。【文章2】の内容をふまえて、次の指示を満たすように説明しなさい。（15点）

（1）二つの文に分けて、全体を八〇字以上、一二〇字以内で書くこと（句読点を含む）。

（2）一文目は「桜草」を主語として、二文目は「画家」を主語として書くこと。

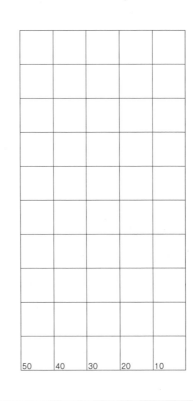

評論 ⑦ 風評というリスク

美馬《みま》達哉《たつや》（『現代文B　改訂版』）

／50

次の【文章】と【資料1】【資料2】は、タカシさんが「風評リスク」についてプレゼンテーションをする際に用いたものである。これらの文章を読んで、後の問いに答えなさい。

◆文　章◆

近代社会が作り出した巨大な科学技術や産業は、富や財を生産して豊かな社会を実現するうえで大きな役割を果たしてきた。しかし、この科学技術や産業は、現在の「リスク社会*」でも同じように有効であり続けるのだろうか。リスク社会論を唱える人びとは、こうした疑問を投げかける。

その第一の理由は、技術や産業がうまく扱うことのできるリスクとは、過去のデータにもとづいた知という限界を持っているからだ。つまり、防災の技術がどんなに発達しても、過去のデータから外れた想定外の津波や地震が起きればひとたまりもない。草食動物に動物性のエサ（肉骨粉*）を与えることで発生したBSE*（牛海綿状脳症）は誰も予想できなかった。

また、複数のリスクが組み合わさった複合効果は現実には完全に評価することはできない。大きな産業事故などの場合にも、一つ一つは小さな確率でしかないリスクが、偶然にも同時に発生することで大事故につながっていく。医療の場面でも、複数の薬を一緒に服用することで、予測されていない副作用が起きることがある。どんなに医学技術が進歩しても、すべての薬のあいだの相互作用を事前に完全にチェックすることはできないだろう。

三番目の問題は、アカデミズム*のなかの科学は自然現象の研究であるために、それが実用化された後の現実社会での人為的ミスや政治的な問題を軽視してしまいがちなことだ。どんなにすばらしい設計図でも、工場での製品管理がいい加減だったら台無しだ。原子力の安全性技術が進歩しても、現実政治のなかで核拡散がすすめば、原子力に関連したリスクは増大していく。現代社会でのリスクは、専門知識しかない科学者や技術者に任せるには重要すぎる問題なのだ。

メディア社会では、二次的なうわさである風評によって生じる問題が直接的な実害を凌駕《りょうが》する場合があり、風評被害と呼ばれる。鳥インフルエンザが家禽《かきん》で流行した際に、人びとが鶏肉に危険なイメージを結びつけて食べようとしなくなり、鶏肉消費が低迷したのはその例だ。鳥インフルエンザは、生きた家禽から人間に感染することはありうるが、鶏肉を食べて感染することはない。また、一九九九年の埼玉県での*ダイオキシン汚染野菜報道では、危険を煽《まわ》るマスメディアの報道（ホウレンソウなどの野菜類が危険だという内容）による「風評被害」があった。これらは、誤報や誤解による風評被害といってもよいだろうが、こんにち問題となっている風評リスクは、風評被害とは少し異なっている。

①風評リスクという場合には、実質的な直接的害としては些《さ》細《さい》なリスクが、マスメディアでの報道などを介して、間接的に甚大な影響を引き起こすという一種のパニック的事態を指していることが多い。しかも、その場合には、その小さなリスクの隠蔽事件が、その組織全体の信頼性や企業のブランドイメージを揺るがすきっかけとして作用する。

実質的な損害がどんなに小さなリスクや違法行為であっても、いったん風評リスクとなれば、実態とかけ離れて巨大化する可能性を秘めている。そのことを予防するために風評リスクをリスクマネジメントに組み込むとすれば、リスクマネジメントは、その領域を止めどなく拡大していく。*マイケル・パワーは、リスク社会において、リスクマネジメントのシステムが拡大を続けていることを「あらゆるもののリスクマネジメント」と呼んで、その有効性に疑問を投げかけている。

風評リスクの場合、事前のリスクマネジメントがそれに対応することは原理的にきわめて困難だ。なぜなら、風評リスクは、マスメディアを通じて大衆社会に突発的に生じるパニックであり、どんなきっかけでリスクが風評リスクとなるかは予測ができないからだ。すべてのリスクを事前にゼロにすることが現実的には不可能である以上は、事後的な対策しかできない。リスクが風評リスクへと変質するとき、リスクを可視的で計算可能で予測可能なものとすることで合理的な対策を事前に立てるリスクマネジメントの手法の有効性は低下していく。そもそも風評リスクとは、実害として計算可能な害よりも大きな影響を、社会的にもたらすリスクのことを意味している。

そのうえ、既知のリスクにターゲットをしぼったリスクマネジメントが拡大すると、それと同時に、その背後に隠された見えにくいリスクへの対応は一層の機能不全を起こしがちになる。なぜなら、可視化しやすいものだけをマニュアル化するリスクマネジメントの構造のなかでは、可視化されにくいリスクや扱いにくいリスクや計算の困難なリスクは、存在しないものとして扱われがちだからだ。これは、意図的な隠蔽や偽装ではないとしても、ある種の構造的な隠蔽として機能する。

些細なリスクであっても、それが隠蔽されたリスクとしてマスメディアの舞台に出現すると、リスクは既知でコントロールされているというリスクマネジメントの安心させる言説に対する信頼を打ち砕いて不安を引き起こし、しばしば隠蔽者への憎悪に満ちた風評リスクの噴出を招く。一方で、専門家や行政の指令に従おうとしない人びとは、風評という流言飛語を広める無責任な人びととして激しく非難される。しかし、リスクが計算不能となって不確実性化していく現代社会において、「風評」は誤謬《ごびゅう》で、専門家による正しいリスク予測がそれとは別に存在すると信じることは正当といえるだろうか。*東日本大震災後の日本で、リスク情報の真偽はくりかえし問われた。

この錯綜《さくそう》した状況のなかに読み取られるべきは、社会的コミュニケーションに対するある種の信頼、すなわち不確実な事象についての真偽を「知っていると想定された主体」がどこかに実在するという社会的な信認の揺らぎだ。したがって、ここではリスクについての真実と誤謬を区別し、正しくリスクを恐れる賢さが必要だなどと啓蒙的にリスクコミュニケーションの意義を語ることはしない。

確実なものへの信念が揺らぎ、既存の秩序の自明性が問い直されるときには、②「天下大乱」へ向かう集合的想像力が発動する。やがて蔓延《まんえん》する風評は試行錯誤のなかで積極的な内実を獲得していくだろう。結局のところ、風評リスクが現代社会のなかで発揮する破壊力とは、ネガティブな形であるにせよ、人びとの集合的想像力の持つ社会的な潜勢力の一つの現れでもあるのだから。

③リスクの時代へようこそ。

（美馬達哉「風評というリスク」）


*リスク……危険。危害・損害の恐れ。

*肉骨粉……食肉の、可食部分を除いた残りの部分に処理を施して、粉末状にしたもの。

*BSE……ウシの脳がスポンジ状（海綿状）になる中枢神経病。

*アカデミズム……学問や芸術の純粋性や伝統性を保持しようとする立場。

*ダイオキシン……ポリ塩化ジベンゾダイオキシンの略。強い毒性をもつ。除草剤・枯れ葉剤として用いられた。

*マイケル・パワー……イギリスの会計士・リスクマネジメント研究者。

*東日本大震災……二〇一一年三月一一日に、東北地方太平洋沖を震源として発生したマグニチュード九の地震、それに伴って生じた津波による大災害のこと。

◆資料1◆

〈二〇一八年一二月一六日〉「黒人侮辱」と批判、プラダが製品撤去　厚い唇のキャラ

黒い顔に赤い分厚い唇のキャラクターが「黒人を侮辱している」と批判を浴び、イタリアの高級ブランド「プラダ」の新製品が撤去されることになった。同社はツイッターで「空想上の生き物で、現実世界を参考にしたつもりはまったくない。」との声明を出した。

問題となったのは、クリスマス向けのギフトコレクション「プラダマリア」のうち、「オット」と名付けられたキャラ。絵本『ちびくろサンボ』の主人公に似ているとの指摘もあり、顔や胴体が黒く、唇は大きく分厚い。プラダ日本版ホームページでは「どこか生物的で、どこか人工的」「不思議なミニチュアの生き物」として紹介されている。

米ニューヨークの店で見かけたという弁護士の女性が13日、フェイスブックで「怒りに震えている」との文章とともに写真を投稿。検索キーワード（ハッシュタグ）「#ストップ・ブラックフェース」「#ボイコット・プラダ」とともに拡散を呼びかけたところ、16日までに1万人超が共有した。女性は人権派の弁護士で、反差別訴訟などの活動家と紹介されている。

プラダは差別の意図を否定した上で「展示と販売を取りやめる」と発表した。このキャラは日本でも先月からキーホルダーなどが販売され

ていたが、現在、オンラインストアの当該ページは削除され、同社本部からの指示で店舗からも撤去されている。

ブランドと人種差別をめぐっては、イタリアの「ドルチェ&ガッバーナ（D&G）」が先月、モデルが箸で不器用にピザを食べる中国向け広告動画をきっかけに謝罪する事態になった。また、スウェーデンの衣料品チェーン「H&M」は1月、「ジャングルの中で最もかっこいい猿」と記されたパーカを黒人少年に着せた写真をカタログに載せ、南アフリカの複数の店舗が襲撃に遭った。

(https://www.asahi.com/articles/ASLDJ5DZYLDJUHBI017.html)

◆資料2◆

〈二〇一八年一一月二三日〉D&Gデザイナー「中国人に謝罪」不買の動き広がり

イタリアの高級ブランド「ドルチェ&ガッバーナ（D&G）」は23日、同社の中国版ツイッター「微博」の公式アカウントで、「世界中の中国人に対して謝りたい」とブランド創始者のデザイナー2人が謝罪する動画を公開した。中国国内では、同社の広告が「中国を侮辱している」と批判を受け、商品不買の動きが一気に広がっていた。

動画では、ドメニコ・ドルチェ氏とステファノ・ガッバーナ氏が並んで座り、「我々の表現には間違いがあった。」「今後はさらに中国文化を理解し、尊重したい。」などと、神妙な顔つきで代わる代わるイタリア語で述べた。最後は2人で声を合わせ「対不起（トイプーチー〈すみませんでした〉）。」と中国語で謝った。

同社を巡っては、モデルが箸《はし》で不器用にピザを食べる中国向け広告動画をきっかけに、「馬鹿にしている」などと批判が高まり、21日の上海のショーが中止に。その後、有名芸能人らが同社の商品を買わないとSNS上で発信するなど、不買の動きが高まった。

中国メディアによると、21日以降、全国で返品が相次ぎ、免税店からD&Gブランドが消えた空港も出始めていたという。

(https://www.asahi.com/articles/ASLCR540LLCRUHBI00L.html)

問一　【文章】の傍線部①「風評リスク」とはどのようなものか。その内容をまとめた次の文の空欄に当てはまる文章を、四〇字以内で書きなさい（句読点を含む）。（10点）

直接的な被害としては些細であっても、マスメディアの報道によって巨大化し、間接的に甚大な被害を及ぼすばかりか、［　　　　］リスク。

問二 タカシさんは【資料1】【資料2】の記事内容をプレゼンテーションするために、配布用の資料を以下のようにまとめた。空欄A・Bに当てはまる内容をそれぞれ四〇字以内で書きなさい（句読点を含む）。（20点／各10点）

【資料1】プラダの新製品
プラダは黒い顔に赤く分厚い唇のキャラクターを発売したが、米国でそれを見つけた女性弁護士が、［ A ］結果、多数の人々が共有し、プラダ側は販売と展示の中止を表明した。

【資料2】D&Gの動画
D&Gがモデルが箸で不器用にピザを食べる中国向け動画を公開したところ、［ B ］結果、ブランド創始者とデザイナー二人が謝罪の動画を公開するに至った。

A

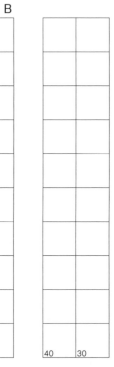

B

問三 タカシさんは傍線部②と【資料1】【資料2】の記事の内容が関連していることを理解し、それをプレゼンテーション資料としてまとめることにした。タカシさんはその関連性をどのようにまとめればよいか。次の指示を満たすように書きなさい。（12点）

（1）二つの文に分けて、全体を一〇〇字以上、一二〇字以内で書くこと（句読点を含む）。
（2）一文目は、【文章】のいう「破壊力」とはどのようなことかを説明すること。
（3）二文目は、一文目と関連させながら、【資料1】【資料2】で取り上げられたような事例においてその「破壊力」がどのように働いたかを説明すること。

10 20 30 40 50 60 70 80 90 100 110 120

問四　傍線部③「リスクの時代へようこそ」とあるが、この表現には現代の「リスク」に対する筆者のどのような考えが示されているか。その説明として最も適当なものを次の中からひとつ選び、記号で答えなさい。（8点）

ア　長いあいだ確実なものとされてきた価値観への信念が疑われ、既存の秩序の安定性がその脆さを露呈しつつある現代こそ、本来の予想しうる危険という原義に立ち戻り、リスクを周到に管理し解消しなくてはならないということ。

イ　計算しうるリスクを管理するためのリスクマネジメントの手法は、「風評」に代表されるような予測を超えて拡大深化するリスクには無効であり、新たな観点と手法が開発されなくてはならないということ。

ウ　「風評」に示されているように、現代のメディア社会では、リスクは錯綜する情報回路を通して真偽とり混ぜて自己増殖する性格をもっているので、メディアは正確な事実に立った認識を提示するという本来の啓蒙的な姿勢をもつべきであること。

エ　現代社会ではリスクはいったん発生したら自動的に増殖し多くの人びとの生活を覆す力をもち、予測もマネジメントも不可能な危険物であるので、リスクの発生を事前に抑えるための社会構造の強化がなされるべきであること。

オ　リスクの情報は真偽を超えて拡散肥大するものであり、そのすべてを見とおすことはできないという冷静な認識を持つと同時に、それがきっかけとなって生じる社会的変動のなかに潜在する想像力の可能性を信じるという両義的態度が必要だということ。

小説 ① 羅生門

芥川龍之介《あくたがわりゅうのすけ》
（『精選国語総合　改訂版』『国語総合　改訂版』）

／50

次の【文章1】は「羅城門の上層に登りて死人を見る盗人の語」（『今昔物語集』）、【文章2】は芥川龍之介「羅生門」である。また【文章3】は芥川龍之介「蜘蛛の糸」の一部、そして【資料】は幸徳秋水《こうとくしゅうすい》の評論『帝国主義』の一節である。以上をふまえて、先生と生徒が「羅生門」をめぐる【対話】を行った。これらの文章を読んで、後の問いに答えなさい（ただし、【文章2】【3】には中略がある）。

◆文章1◆

今は昔、摂津《つ》の国の辺《ほとり》より、盗みせむがために京に上《のぼ》りける男《をのこ》の、日のいまだ明かかりければ、羅城門の下に立ち隠れて立てりけるに、朱《す》雀《ざく》の方《かた》に人しげくありきければ、人の静まるまでと思ひて、門の下に待ち立てりけるに、山城の方より人どものあまた来たる音のしければ、それに見えじと思ひて、門の上層にやはらかかつり登りたりけるに、見れば、火ほのかにともしたり。

盗人、「怪し。」と思ひて、連子《れんじ》よりのぞきければ、若き女の、死にて臥《ふ》したるあり。その枕上《まくらがみ》に火をともして、年いみじく老いたる嫗《おうな》の、白髪白きが、その死人の枕上にゐて、死人の髪をかなぐり抜き取るなりけり。

盗人これを見るに、心も得ねば、「これはもし鬼にやあらむ。」と思ひておそろしけれども、「もし死人にてもぞある、おどして試みむ。」と思ひて、やはら戸を開けて、刀を抜きて、「己は、己は。」と言ひて走り寄りければ、嫗、手まどひをして、手を摺りてまどへば、盗人、「こは何ぞの嫗のかくはしゐたるぞ。」と問ひければ、嫗、「己が主にておはしましつる人の失せたまへるを、あつかふ人のなければ、かくて置きたてまつりたるなり。その御髪《おほむかみ》の長《たけ》に余りて長ければ、それを抜き取りて鬘《かつら》にせむとて抜くなり。助けたまへ。」と言ひければ、盗人、死人の着たる衣と嫗の着たる衣と、抜き取りてある髪とを奪《ば》ひ取りて、下り走りて逃げて去りにけり。

さてその上の層には死人の骸骨ぞ多かりける。死にたる人の、葬《はうぶ》りなどえせぬをば、この門の上にぞ置きける。

このことは、その盗人の人に語りけるを聞き継ぎて、かく語り伝へたるとや。

（『今昔物語集』巻第二九第一八）

◆文章2◆

ある日の暮れ方のことである。一人の下人が、羅生門の下で雨やみを待っていた。（中略）

雨は、羅生門をつつんで、遠くから、ざあっという音をあつめてくる。夕闇はしだいに空を低くして、見上げると、門の屋根が、斜めにつき出した甍《いらか》の先に、重たくうす暗い雲を支えている。

どうにもならないことを、どうにかするためには、手段を選んでいるいとまはない。選んでいれば、築土《ついじ》の下か、道ばたの土の上で、飢え死にをするばかりである。そうして、この門の上へ持ってきて、犬のように棄てられてしまうばかりである。選ばないとすれば――下人の考えは、何度も同じ道を低徊《ていかい》したあげくに、やっとこの局所へ逢着《ほうちゃく》した。しかしこの「すれば」は、いつまでたっても、結局「すれば」であった。下人は、手段を選ばないということを肯定しながらも、この「すれば」のかたをつけるために、当然、その後に来《きた》るべき「盗人になるよりほかに仕方がない。」ということを、積極的に肯定するだけの、勇気が出ずにいたのである。

下人は、大きなくさめをして、それから、大儀そうに立ち上がった。夕冷えのする京都は、もう火桶《ひおけ》が欲しいほどの寒さである。風は門の柱と柱との間を、夕闇とともに遠慮なく、吹きぬける。丹塗《にぬ》りの柱にとまっていた蟋蟀《きりぎりす》も、もうどこかへ行ってしまった。

下人は、首をちぢめながら、山吹の汗衫《かざみ》に重ねた、紺の襖《あお》の肩を高くして、門のまわりを見まわした。雨風の憂えのない、人目にかかるおそれのない、一晩楽にねられそうな所があれば、そこでともかくも、夜を明かそうと思ったからである。すると、幸い門の上の楼へ上る、幅の広い、これも丹を塗った梯子《はしご》が目についた。上なら、人がいたにしても、どうせ死人ばかりである。下人はそこで、腰にさげた聖柄《ひじりづか》の太刀が鞘走《さやばし》らないように気をつけながら、わら草履をはいた足を、その梯子のいちばん下の段へふみかけた。

それから、何分かの後である。羅生門の楼の上へ出る、幅の広い梯子の中段に、一人の男が、猫のように身をちぢめて、息を殺しながら、上の様子をうかがっていた。楼の上からさす火の光が、かすかに、その男の右の頬をぬらしている。短いひげの中に、赤くうみを持ったにきびのある頬である。下人は、始めから、この上にいる者は、死人ばかりだと高をくくっていた。それが、梯子を二、三段上ってみると、上では誰か火をとぼして、しかもその火をそこここと、動かしているらしい。これは、その濁った、黄いろい光が、隅々に蜘蛛《くも》の巣をかけた天井裏に、揺れながら映ったので、すぐにそれと知れたのである。この雨の夜に、この羅生門の上で、火をともしているからは、どうせただの者ではない。

下人は、やもりのように足音をぬすんで、やっと急な梯子を、いちばん上の段まで這うようにして上りつめた。そうして体をできるだけ、平らにしながら、首をできるだけ、前へ出して、恐る恐る、楼の内をのぞいてみた。

見ると、楼の内には、うわさに聞いたとおり、幾つかの屍骸《しがい》が、無造作に棄ててあるが、火の光の及ぶ範囲が、思ったより狭いので、数は幾つともわからない。ただ、おぼろげながら、知れるのは、その中に裸の屍骸と、着物を着た屍骸とがあるということである。もちろん、中には女も男もまじっているらしい。そうして、その屍骸は皆、それが、かつて、生きていた人間だという事実さえ疑われるほど、土をこねて造った人形のように、口を開いたり手を伸ばしたりして、ごろごろ床の上にころがっていた。しかも、肩とか胸とかの高くなっている部分に、ぼんやりした火の光をうけて、低くなっている部分の影をいっそう暗くしながら、永久におしのごとく黙っていた。

下人は、それらの屍骸の腐乱した臭気に思わず、鼻をおおった。しかし、その手は、次の瞬間には、もう鼻をおおうことを忘れていた。ある強い感情が、ほとんどことごとくこの男の嗅覚を奪ってしまったからである。

下人の目は、その時、はじめて、その屍骸の中にうずくまっている人間を見た。檜皮《ひわだ》色の着物を着た、背の低い、痩せた、白髪頭の、猿のような老婆である。その老婆は、右の手に火をともした松の木片《きぎれ》を持って、その屍骸の一つの顔をのぞきこむように眺めていた。髪の毛の長いところを見ると、たぶん女の屍骸であろう。

下人は、六分の恐怖と四分の好奇心とに動かされて、暫時は呼吸《いき》をするのさえ忘れていた。旧記の記者の語を借りれば、「頭身の毛も太る」ように感じたのである。すると、老婆は、松の木片を、床板の間に挿して、それから、今まで眺めていた屍骸の首に両手をかけると、ちょうど、猿の親が猿の子のしらみをとるように、その長い髪の毛を一本ずつ抜きはじめた。髪は手に従って抜けるらしい。

その髪の毛が、一本ずつ抜けるのに従って、下人の心からは、恐怖が少しずつ消えていった。そうして、それと同時に、この老婆に対するはげしい憎悪が、少しずつ動いてきた。——いや、この老婆に対すると言っては、語弊があるかもしれない。むしろ、あらゆる悪に対する反感が、一分ごとに強さを増してきたのである。この時、誰かがこの下人に、さっき門の下でこの男が考えていた、飢え死にをするか盗人になるかという問題を、改めて持ち出したら、恐らく下人は、なんの未練もなく、飢え死にを選んだことであろう。それほど、この男の悪を憎む心は、老婆の床に挿した松の木片のように、勢いよく燃え上がり出していたのである。

下人には、もちろん、なぜ老婆が死人の髪の毛を抜くかわからなかった。したがって、合理的には、それを善悪のいずれに片づけてよいか知らなかった。しかし下人にとっては、この雨の夜に、この羅生門の上で、死人の髪の毛を抜くということが、それだけで既に許すべからざる悪であった。もちろん、下人は、さっきまで、自分が、盗人になる気でいたことなぞは、とうに忘れているのである。

そこで、下人は、両足に力を入れて、いきなり、梯子から上へ飛び上がった。そうして聖柄の太刀に手をかけながら、大股に老婆の前へ歩みよった。老婆が驚いたのは言うまでもない。

老婆は、一目下人を見ると、まるで弩《いしゅみ》にでもはじかれたように、飛び上がった。

「おのれ、どこへ行く。」

下人は、老婆が屍骸につまずきながら、慌てふためいて逃げようとする行く手を塞いで、こう罵った。老婆は、それでも下人をつきのけて行こうとする。下人はまた、それを行かすまいとして、押しもどす。二人は屍骸の中で、しばらく、無言のまま、つかみ合った。しかし勝敗は、はじめから、わかっている。下人はとうとう、老婆の腕をつかんで、無理にそこへねじ倒した。ちょうど、鶏《とり》の脚のような、骨と皮ばかりの腕である。

「何をしていた。言え。言わぬと、これだぞよ。」

下人は、老婆をつき放すと、いきなり、太刀の鞘を払って、白い鋼の色を、その目の前へつきつけた。けれども、老婆は黙っている。両手をわなわなふるわせて、肩で息を切りながら、目を、眼球がまぶたの外へ出そうになるほど、見開いて、おしのように執拗《しゅうね》く黙っている。これを見ると、下人は初めて明白に、この老婆の生死が、全然、自分の意志に支配されているということを意識した。そうしてこの意識は、今までけわしく燃えていた憎悪の心を、いつの間にか冷ましてしまった。後に残ったのは、ただ、ある仕事をして、それが円満に成就した時の、安らかな得意と満足とがあるばかりである。そこで、下人は、老婆を見下ろしながら、少し声をやわらげてこう言った。

「おれは検非違使《けびいし》の庁の役人などではない。今し方この門の下を通りかかった旅の者だ。だからおまえに縄をかけて、どうしようというようなことはない。ただ、今時分、この門の上で、何をしていたのだか、それをおれに話しさえすればいいのだ。」

すると、老婆は、見開いていた目を、いっそう大きくして、じっとその下人の顔を見守った。まぶたの赤くなった、肉食鳥のような、鋭い目で見たのである。それから、しわで、ほとんど、鼻と一つになった唇を、何か物でも噛んでいるように、動かした。細い喉で、とがった喉仏の動いているのが見える。その時、その喉から、鴉《からす》の啼《な》くような声が、あえぎあえぎ、下人の耳へ伝わってきた。

「この髪を抜いてな、この髪を抜いてな、かつらにしょうと思うたのじゃ。」

下人は、老婆の答えが存外、平凡なのに失望した。そうして失望すると同時に、また前の憎悪が、冷ややかな侮蔑といっしょに、心の中へはいってきた。すると、その気色が、先方へも通じたのであろう。老婆は、片手に、まだ屍骸の頭から奪《と》った長い抜け毛を持ったなり、蟇《ひき》のつぶやくような声で、口ごもりながら、こんなことを言った。

「なるほどな、死人《しびと》の髪の毛を抜くということは、なんぼう悪いことかもしれぬ。じゃが、ここにいる死人どもは、皆、そのくらいなことを、されてもいい人間ばかりだぞよ。現に、わしが今、髪を抜いた女などはな、蛇を四寸ばかりずつに切って干したのを、干し魚だと言うて、太《た》刀帯《てわき》の陣へ売りに往《い》んだわ。疫病《えやみ》にかかって死なんだら、今でも売りに往んでいたことであろ。それもよ、この女の売る干し魚は、味がよいと言うて、太刀帯どもが、欠かさず菜料に買っていたそうな。わしは、この女のしたことが悪いとは思うていぬ。せねば、飢え死にをするのじゃて、仕方がなくしたことであろ。されば、今また、わしのしていたことも悪いこととは思わぬぞよ。これとてもやはりせねば、飢え死にをするじゃて、仕方がなくすることじゃわいの。じゃて、その仕方がないことを、よく知っていたこの女は、おおかたわしのすることも大目に見てくれるであろ。」

老婆は、大体こんな意味のことを言った。

下人は、太刀を鞘におさめて、その太刀の柄を左の手でおさえながら、冷然として、この話を聞いていた。もちろん、右の手では、赤く頬にうみを持った大きなにきびを気にしながら、聞いているのである。しかし、これを聞いているうちに、下人の心には、ある勇気が生まれてきた。それは、さっき門の下で、この男には欠けていた勇気である。そうして、またさっきこの門の上へ上がって、この老婆を捕らえた時の勇気とは、全然、反対な方向に動こうとする勇気である。下人は、飢え死にをするか盗人になるかに、迷わなかったばかりではない。その時の、この男の心もちから言えば、飢え死になどということは、ほとんど、考えることさえできないほど、意識の外に追い出されていた。

「きっと、そうか。」

老婆の話が終わると、下人は嘲るような声で念を押した。そうして、一足前へ出ると、不意に右の手をにきびから離して、老婆の襟上《えりがみ》をつかみながら、噛みつくようにこう言った。

「では、おれが引剥《ひはぎ》をしようと恨むまいな。おれもそうしなければ、飢え死にをする体なのだ。」

下人は、すばやく、老婆の着物を剝ぎとった。それから、足にしがみつこうとする老婆を、手荒く屍骸の上へ蹴倒した。梯子の口までは、僅かに五歩を数えるばかりである。下人は、剝ぎとった檜皮色の着物をわきにかかえて、またたく間に急な梯子を夜の底へかけ下りた。

しばらく、死んだように倒れていた老婆が、屍骸の中から、その裸の体を起こしたのは、それから間もなくのことである。老婆は、つぶやくような、うめくような声を立てながら、まだ燃えている火の光をたよりに、梯子の口まで、這っていった。そうして、そこから、短い白髪をさかさまにして、門の下をのぞきこんだ。外には、ただ、黒洞々《こくとうとう》たる夜があるばかりである。

下人の行方は、誰も知らない。

（芥川龍之介「羅生門」）

◆文章3◆

ある日のことでございます。御釈迦様《おしゃかさま》は極楽の蓮池のふちを、ひとりでぶらぶらお歩きになっていらっしゃいました。池の中に咲いている蓮の花は、みんな玉のようにまっ白で、そのまん中にある金色の蕊《ずい》からは、何とも言えない好《よ》い匂いが、絶え間なくあたりへあふれております。極楽はちょうど朝なのでございましょう。

やがて御釈迦様はその池のふちにおたたずみになって、水の面を蔽っている蓮の葉の間から、ふと下のようすを御覧になりました。この極楽の蓮池の下は、ちょうど地獄の底に当たっておりますから、水晶のような水を透き徹して、三途《さんず》の河や針の山の景色が、ちょうど覗き眼鏡を見るように、はっきりと見えるのでございます。

するとその地獄の底に、犍陀多《かんだた》という男が一人、ほかの罪人と一しょに蠢《うごめ》いている姿が、お眼に止まりました。この犍陀多という男は、人を殺したり家に火をつけたり、いろいろ悪事を働いた大泥棒でございますが、それでもたった一つ、善《よ》いことを致した覚えがございます。と申しますのは、ある時この男が深い林の中を通りますと、小さな蜘蛛《くも》が一匹、路ばたを這って行くのが見えました。そこで犍陀多は早速足を挙げて、踏み殺そうと致しましたが、「いや、いや、これも小さいながら、命のあるものに違いない。その命を無暗にとるということは、いくら何でもかわいそうだ。」と、こう急に思い返して、とうとうその蜘蛛を殺さずに助けてやったからでございます。

御釈迦様は地獄のようすを御覧になりながら、この犍陀多には蜘蛛を助けたことがあるのをお思い出しになりました。そうしてそれだけの善いことをした報いには、出来るなら、この男を地獄から救い出してやろうとお考えになりました。幸い、側を見ますと、翡翠《ひすい》のような色をした蓮の葉の上に、極楽の蜘蛛が一匹、美しい銀色の糸をかけております。御釈迦様はその蜘蛛の糸をそっとお手にお取りになって、玉のような白蓮の間から、遥か下にある地獄の底へ、まっすぐにそれをお下ろしなさいました。

こちらは地獄の底の血の池で、ほかの罪人と一しょに、浮いたり沈んだりしていた犍陀多でございます。何しろどちらを見ても、まっくらで、たまにその暗闇からぼんやり浮き上がっているものがあると思いますと、それは恐ろしい針の山の針が光るのでございますから、その心細さといったらございません。その上あたりは墓の中のようにしんと静まり返って、たまに聞こえるものといっては、ただ罪人がつく微かな嘆息ばかりでございます。これはここへ落ちて来るほどの人間は、もうさまざまな地獄の責め苦に疲れはてて、泣き声を出す力さえなくなっているのでございましょう。ですからさすが大泥棒の犍陀多も、やはり血の池の血に咽《むせ》びながら、まるで死にかかった蛙のように、ただもがいてばかりおりました。

ところがある時のことでございます。何気なく犍陀多が頭を挙げて、血の池の空を眺めますと、そのひっそりとしたやみの中を、遠い遠い天上から、銀色の蜘蛛の糸が、まるで人目にかかるのを恐れるように、一すじ細く光りながら、するすると自分の上へ垂れて参るのではございませんか。犍陀多はこれを見ると、思わず手を拍《う》って喜びました。この糸に縋《すが》りついて、どこまでものぼって行けば、きっと地獄からぬけ出せるのに相違ございません。いや、うまく行くと、極楽へはいることさえもできましょう。そうすれば、もう針の山へ追い上げられることもなくなれば、血の池に沈められることもあるはずはございません。

こう思いましたから犍陀多は、早速その蜘蛛の糸を両手でしっかりとつかみながら、一生懸命に上へ上へとたぐりのぼり始めました。元より大泥棒のことでございますから、こういうことには昔から、慣れ切っているのでございます。

しかし地獄と極楽との間は、何万里となくございますから、いくら焦ってみたところで、容易に上へは出られません。ややしばらくのぼるうちに、とうとう犍陀多もくたびれて、もう一たぐりも上の方へはのぼれなくなってしまいました。そこで仕方がございませんから、まず一休み休むつもりで、糸の中途にぶら下がりながら、遥かに目の下を見下ろしました。

すると、一生懸命にのぼった甲斐《かい》があって、さっきまで自分がいた血の池は、今ではもう闇の底にいつの間にかかくれております。それからあのぼんやり光っている恐ろしい針の山も、足の下になってしまいました。この分でのぼって行けば、地獄からぬけ出すのも、存外わけがないかも知れません。犍陀多は両手を蜘蛛の糸にからみながら、ここへ来てから何年にも出したことのない声で、「しめた。しめた。」と笑いました。ところがふと気がつきますと、蜘蛛の糸の下の方には、数限りもない罪人たちが、自分ののぼった後をつけて、まるで蟻《あり》の行列のように、やはり上へ上へ一心によじのぼって来るではございませんか。犍陀多はこれを見ると、驚いたのと恐ろしいのとで、しばらくはただ、莫迦《ばか》のように大きな口を開いたまま、眼ばかり動かしておりました。自分一人でさえ断《き》れそうな、この細い蜘蛛の糸が、どうしてあれだけの人数の重みに堪えることができましょう。もし万一途中で断れたと致しましたら、せっかくここへまでのぼって来たこの肝腎な自分までも、元の地獄へ逆落《お》としに落ちてしまわなければなりません。そんなことがあったら、大変でございます。が、そういう中にも、罪人たちは何百となく何千となく、まっ暗な血の池の底から、うようよと這い上がって、細く光っている蜘蛛の糸を、一列になりながら、せっせとのぼって参ります。今のうちにどうかしなければ、糸はまん中から二つに断れて、落ちてしまうのに違いありません。

そこで犍陀多は大きな声を出して、「こら、罪人ども。この蜘蛛の糸はおれのものだぞ。お前たちは一体誰に尋《き》いて、のぼって来た。下りろ。下りろ。」と喚きました。

その途端でございます。今まで何ともなかった蜘蛛の糸が、急に犍陀多のぶら下がっているところから、ぷつりと音を立てて断れました。ですから犍陀多もたまりません。あっという間もなく風を切って、独楽《こま》のようにくるくるまわりながら、見る見るうちに闇の底へ、まっさかさまに落ちてしまいました。

（芥川龍之介「蜘蛛の糸」ちくま文庫「芥川龍之介全集」第二巻所収）

◆資　料◆

しからばすなわち何の計かもって今日の急に応ずべき。他なし、さらに社会国家に向かって大清潔法を施行せよ、換言すれば世界的大革命の運動を開始せよ。少数の国家を変じて多数の国家たらしめよ、陸海軍人の国家を変じて農工商人の国家たらしめよ、貴族専制の社会を変じて平民自治の社会たらしめよ、資本家暴横の社会を変じて労働者共有の社会たらしめよ。しかしてのち正義博愛の心はすなわち*偏僻《へんぺき》なる愛国心を圧せんなり、科学的社会主義はすなわち野蛮的軍国主義を亡《ほろぼ》さんなり、*ブラザーフードの世界主義はすなわち掠奪的帝国主義を*掃蕩苅除《そうとうかいじょ》することを得べけんなり。

能《よ》くかくの如きにして、吾人《ごじん》は初めて不正、非義、非文明的、非科学的なる現時の天地を改造し得て、社会永遠の進歩もって期すべく、人類全般の福利もって全くすべきなり。もしそれ然《しか》らず、長く今日の趨勢《すうせい》に放任してもって省みるところなくんば、吾人の四囲はただ*百鬼夜行あるのみ、吾人の前途はただ黒闇々《こくあんあん》たる地獄あるのみ。

（幸徳秋水「帝国主義」）

＊偏僻……偏ること。心がひねくれていること。
＊ブラザーフード……兄弟、兄弟愛、人類同胞主義。
＊掃蕩苅除……「掃蕩」は、残らず払い除くこと。「苅除」は、草などを刈り取って除くこと。また、比喩的に、好ましくない物事を取り除くこと。
＊百鬼夜行……種々の妖怪が列をなして夜歩くこと。また、多くの人々が徒党を組んで奇怪な行動をすること。

◆対　話◆

先生　芥川は「羅生門」の素材として、『今昔物語集』の説話や『方丈記』などを用いているけれど、典拠である『今昔物語集』の説話と「羅生門」には、どんな違いがあるだろうか。

テルオ　説話では主人公の下人が「　A　」と悩んでいるのではなく、最初から盗みをしに上京した、となっているなど相違点は多いのですが、説話では、行動の動機とか心理ではなく、出来事そのものに焦点を当てています。古典の授業で習った『伊勢物語』に、恋人が鬼に食われる話がありますが、そこでも、心理より異様な出来事への興味が中心でした。

先生　世界には、こんな不思議な出来事があるぞ、というのが語りの中心になっているようだね。出来事ではなく、それを行う人間に関心を移し、［B］描写によって人間とはどのようなものかを追求していくのが近代小説で、芥川は説話を換骨奪胎して、「羅生門」という近代小説に仕立てたわけだね。

テルオ　でもなんで、ちまちまと人間の心理を描く必要があるのでしょう。悲しければ泣く、おかしければ笑う、生き延びるためには行動する、正当化の理屈はいらない。「羅生門」の下人は、あまりに弱々しく、①その心理の変化もうまくでき過ぎで、作者の操り人形のような印象を持ちます。ピンセットでつまみ上げているという印象です。古典の世界の方が、ある意味、健康なのではないでしょうか。

先生　ケンタロウ君、君はどう思うね。

ケンタロウ　小説の冒頭で「雨やみを待っていた」とあるように、曖昧で宙ぶらりんな状態にあった下人が、老婆との出会いを経て、「　C　」という行動する主体となっていきますが、その変化が、状況と偶然に左右されていて、善から悪へと確かな根拠もなく飛躍してしまう。芥川には、人間が理性的な主体でありうる、ということへの強い疑いがあったのだ、と思います。Ⅱ自律的存在ではなく、偶然に左右される風に揺らぐ草のようなものだということです。これがいかに真実かは、自分の行いを反省してみれば、理屈嫌いのテルオ君だってわかるでしょう。

ナオ　Ⅲこれを下人の成長の物語とは読めないのでしょうか。テルオ君は「弱々しい」と言っていますが、作者は「にきび」の描写を繰り返しているように、下人の若さと未熟さを強調しています。生き死にの問題に直面しても、実際には盗人、飢え死にの実感はなく、観念をもてあそんでいるだけで、切実な問いにはなっていないのです。「　D　」という下人の逡巡《しゅんじゅん》・ためらいを示す描写が、その証拠です。その下人が老婆と出会い、「仕方がなくした」悪は悪ではない、という言葉を聞きます。これは老婆の身勝手な論理とは言えません。倫理というものを、他者との共生を可能とする生き方・考え方とすれば、下人以上の弱者として年を重ね生き延びてきた老婆がつかんだ立派な倫理です。［　E　］という趣旨の老婆の言葉には、弱者が犯しあいながら共感しあい支えあうという重たい現実が、感じ取れます。この言葉をきっかけとして、下人は悪の世界に転落していきますが、それは下人が人生とまっとうに向きあう姿勢をもった、ということでもあると思います。この老婆が下人の人生に関わった記憶があるかぎり、下人は、単なる悪人ではありえないでしょう。被害者となった時、老婆の言葉を思いだすでしょう。その点で、①【文章3】の犍陀多とは違うのです。

先生　下人と同時代を生きた親鸞の言葉を思いだすね。「善人なをもて往生す、いはんや悪人をや。」自分が悪人であることを深く感じればこそ、善人へと反転していく力をもちえる、下人には、そのチャンスがある、というわけだね。

ナオ　もちろん、最後まで悪人でしかない、という可能性もあります。「　F　」のですから。

チサト　私は、別の観点から考えてみたいと思っています。用意した【資料】を見て下さい。明治四三（一九一〇）年に起きた「大逆事件」で処刑された社会主義者・幸徳秋水の書いた『帝国主義』の末尾です。この事件は、当時の知識人、学生に、大きな衝撃を与えました。若き芥川も例外ではなく、当時、発禁処分となっていたこの本を友人から借りて読んだことが実証されています。外部への戦争による侵略、内部での貧富の拡大、人権の抑圧を動力として「野蛮」な世界を作りだす帝国主義の廃止が主張されています。「羅生門」の世界を連想させる表現はありませんか。

ケンタロウ　「黒洞々たる夜」に対応する「　G　」でしょうか。

チサト　この表現上の類似は偶然ではありません。⑪芥川は、過去の乱世の時代を舞台とした時代小説という形で、実は、かれが直面している明治社会を描いたのだと思います。急速に近代化を実現してきた国、近代的な都市化が進む陰で貧民窟が拡がっている首都・東京、人が人にとって狼であり、できれば食われるよりも食う側に立ちたいと競いあっている人びとが作る社会です。老婆も下人も、明治社会の住人です。「羅生門」は古典の世界を下敷きにした作品ですが、それを芥川が翻案したやり方を見ると、同時代の社会への強い批判を感じます。

先生　なるほど、小説の読みは一様ではないと言われるが、皆さんは独自の問題意識で「羅生門」を読み、それを分析できたね。

問一　空欄Aに当てはまる適当な文を、一五字以内で書きなさい（句読点を含む）。（5点）

問二 空欄Bに当てはまる最も適当な語を次から選びなさい。（5点）

ア 行動　イ 心理　ウ 風景　エ 容貌　オ 感情

問三 空欄Cに当てはまる最も適当な文を、【文章2】から一〇字以内で抜き出しなさい（句読点を含む）。（5点）

問四 空欄Dに当てはまる最も適当な文を、【文章2】から一五字以内で抜き出しなさい（句読点を含む）。（5点）

問五 空欄Eに当てはまる適当な文を、【文章2】の老婆の言葉をまとめて、五〇字以内で書きなさい（句読点を含む）。（5点）

問六 空欄Fに当てはまる最も適当な文を、【文章2】から一五字以内で抜き出しなさい（句読点を含む）。（5点）

問七 空欄Gに当てはまる最も適当な語句を、【資料】から一〇字以内で抜き出しなさい（句読点を含む）。（5点）

問八 傍線部①について、【文章2】の「下人」と【文章3】の「犍陀多」とはどのように違うのか。【文章3】をふまえて、五〇字以内で書きなさい（句読点を含む）。なお、文章は「という点。」で結ぶこと。（5点）

問九 波線部Ⅰ〜Ⅳには、生徒たちそれぞれの「羅生門」の読み方が示されているが、あなたの読み方はそのどれに近いか（あなたはそのどれに賛成するか）。波線部の番号を一つ選び、それに、賛成する理由を次の指示を満たすように書きなさい。（10点）

（1）一〇〇字以上、一六〇字以内で書くこと（句読点を含む）。

（2）自分の選んだ読み方の番号を示し、その内容を要約すること。その際、「私の選んだ読み方は……である。その読み方は……」という書き出しにすること。

（3）なぜその読み方に賛成するのか、理由を述べること。その際、その読み方の正当性の根拠となる箇所を【文章2】から引用したり、自分の言葉でまとめたりしながら説明すること。

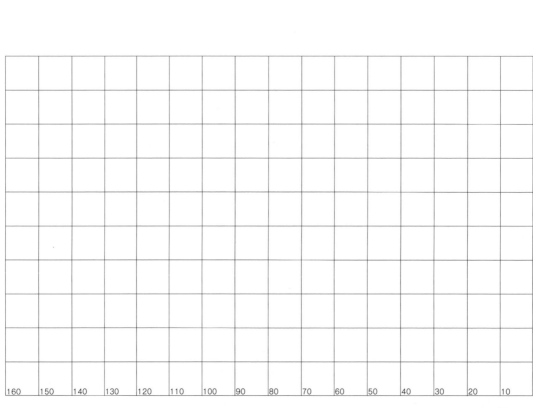

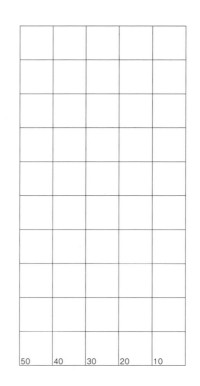

小説 ②神様

川上弘美（『国語総合　改訂版』）

／50

次の【文章1】と【文章2】はいずれも川上弘美によって書かれた、同じ主人公をもつ連作小説の一節である。これらの文章を読んで、後の問いに答えなさい。

◆文章1◆

遠くに聞こえはじめた水の音がやがて高くなり、わたしたちは川原に到着した。たくさんの人が泳いだり釣りをしたりしている。荷物を下ろし、タオルで汗をぬぐった。くまは舌を出して少しあえいでいる。そうやって立っていると、男性二人子供一人の三人連れが、そばに寄ってきた。どれも海水着をつけている。男の片方はサングラスをかけ、もう片方は*シュノーケルを首からぶらさげていた。

「お父さん、くまだよ。」

子供が大きな声で言った。

「そうだ、よくわかったな。」

シュノーケルが答える。

「くまだよ。」

「そうだ、くまだ。」

「ねえねえくまだよ。」

何回かこれが繰り返された。シュノーケルはわたしの表情をちらりとうかがったが、くまの顔を正面から見ようとはしない。サングラスの方は何も言わずにただ立っている。子供はくまの毛を引っ張ったり、蹴りつけたりしていたが、最後に「パーンチ。」と叫んでくまの腹のあたりにこぶしをぶつけてから、走って行ってしまった。男二人はぶらぶらと後を追う。

「いやはや。」

しばらくしてからくまが言った。

「①小さい人は邪気がないですなあ。」

わたしは無言でいた。

「そりゃいろいろな人間がいますから。でも、子供さんはみんな無邪気ですよ。」

そう言うと、わたしが答える前に急いで川のふちへ歩いていってしまった。

小さな細い魚がすいすい泳いでいる。水の冷気がほてった顔に心地よい。よく見ると魚は一定の幅の中で上流へ泳ぎまた下流へ泳ぐ。細長い四角の辺をたどっているように見える。その四角が魚の縄張りなのだろう。くまも、じっと水の中を見ている。何を見ているのか。くまの目にも水の中は人間と同じに見えているのであろうか。

突然水しぶきが上がり、くまが水の中にざぶざぶ入っていった。川の中ほどで立ち止まると右掌《みぎて》をさっと水にくぐらせ、魚を摑《つか》み上げた。岸辺を泳ぐ細長い魚の三倍はありそうなものだ。

「驚いたでしょう。」

戻ってきたくまが言った。

「おことわりしてから行けばよかったのですが、つい足が先に出てしまいまして。大きいでしょう。」

くまは、魚をわたしの目の前にかざした。魚のひれが陽《ひ》を受けてきらきら光る。釣りをしている人たちがこちらを指さして何か話している。くまはかなり得意そうだ。

「さしあげましょう。今日の記念に。」

そう言うと、くまは担いできた袋の口を開けた。取り出した布の包みの中からは、小さなナイフとまな板が出てきた。くまは器用にナイフを使って魚を開くと、これもかねて用意してあったらしい粗塩をぱっぱと振りかけ、広げた葉の上に魚を置いた。

「何回か引っくり返せば、帰る頃にはちょうどいい干物になっています。」

何から何まで行き届いたくまである。

わたしたちは、草の上に座って川を見ながら弁当を食べた。くまは、フランスパンのところどころに切れ目を入れてパテ*とラディッシュ*をはさんだもの、わたしは梅干し入りのおむすび、食後には各自オレンジを一個ずつ。ゆっくりと食べおわると、くまは、

「もしよろしければオレンジの皮をいただけますか。」

と言い、受け取ると、わたしに背を向けて、いそいで皮を食べた。

少し離れたところに置いてある魚を引っくり返しに行き、ナイフとまな板とコップを流れで丁寧に洗い、それを拭き終えると、くまは袋から大きいタオルを取り出し、わたしに手渡した。

「昼寝をするときにお使いください。僕はそのへんをちょっと歩いてきます。もしよかったらその前に子守歌を歌ってさしあげましょうか。」

真面目に聞く。

子守歌なしでも眠れそうだとわたしが答えると、くまはがっかりした表情になったが、すぐに上流の方へ歩み去った。

目を覚ますと、木の影が長くなっており、横にくまが寝ていた。タオルはかけていない。小さくいびきをかいている。川原には、もう数名の人しか残っていない。みな、釣りをする人である。くまにタオルをかけてから、干し魚を引っくり返しにいくと、魚は三匹に増えていた。


（川上弘美「神様」）

＊シュノーケル……潜水用具の一つ。棒状の短い管をつけ、吸排気できるようにしたもの。
＊パテ……肉などをすりつぶし調味した料理。
＊ラディッシュ……ハツカダイコン。

◆文章２◆

「あの。」とくまが言った。知らぬうちにうとうとしていたらしい。気がつくと、くまに寄りかかっていた。

「あの。今日はお別れを言いに。」

え。びっくりして背筋がのびた。

「故郷に帰ることにしました。」

かえる。

「帰ります。」

いつごろなの。

「明後日には発ちます。」

え。そんなにすぐ。

「それほど家財道具はありませんから、決めたら早いです。」

いつ、決めたの。

「里帰りしたときに。」

何か、その、あったの。

「特に。ただ、しおどき、というんでしょうか。」

潮時、と言いながら、くまはまた空を見上げた。わたしも一緒に見上げた。灰色の雲が速く流れていく。空気は先ほどよりもなお湿っぽくなっていた。

ずっと、帰っちゃうの。

「ずっとです。」

こちらには、もう。

「来ません。故郷に、落ちつくつもりです。」

遊びにも、来ないの。

「たぶん。」

たぶん、と言ってから、くまはわたしの肩を軽く叩いた。

「そんなお顔なさらないで下さい。」

そんな顔、と言われ、自分の口が開かれ眉が寄せられていることを知った。あわてていつもの表情に戻そうとするが、顔はこわばったままなかなか直らない。くまはさらにぽんぽんとわたしの背中を叩いた。くまのてのひらは大きく柔らかい。

どのくらい住んだんだっけ、ここに。

「もうずいぶんになりますね。青年期のころからですから。」

くまの息が荒い。静かにてのひらを使いながら、荒い息をわたしの顔でないところに向けて吐く。気をつけて抑えていなければ、もっと荒々しい息づかいになってしまうのかもしれない。わたしの顔を避けて首を不自然なかっこうに曲げながら、くまはやさしくてのひらを使いつづけた。ラム酒のケーキのくずが草の上に散っているところに、蟻《あり》が集まっていた。大きなくずも小さなくずもへだてなく運んで行く。中くらいの黒蟻と小さな赤蟻が混じりあって、それぞれの巣にケーキのかけらを大事そうに運んで行く。

でも、どうして。

訊《たず》ねると、くまはてのひらをわたしの背から離し、足を投げ出した姿勢のままでしばらく沈黙した。蟻が何匹かくまの足を這《は》いのぼっていたが、くまは気がついていないようだった。気がつかないまま、何か考えこんでいる。雲が少し切れ、再び日が射しはじめた。

「結局馴染《なじ》みきれなかったんでしょう。」目を細めて、くまは答えた。

馴染んでいたように思っていたけど。言おうとしたが、言えなかった。ほんの少しなめたワインのせいだろうか、くまの息は荒いだけでなく熱くなっている。

わたしも馴染まないところがある。そう思ったが、それも言えなかった。かんたんに、くらべられるものではないだろう。くまが手づかみで皿の上のいんげんをごっそりと取り、口に放りこんだ。もぐもぐ噛《か》む。しっかりした音をたてて、くまはいんげんを噛みくだいた。じっと見ているとくまははっと気づき、あわててのひらをタオルでぬぐった。

「失礼、つい手づかみで食べてしまいました。ぼんやりしていまして。」

いいのに。いつもしているように食べればいいのに。

「どうもこのごろいけません。合わせられなくなってきて。」

合わせることなんてないのに。

「そうでしょうか。」

そのままくまは黙り、わたしも黙った。料理はおおかたなくなり、ワインもきれいに空いていた。黄蝶《きちょう》が二匹、ついたり離れたりしながら飛んでいる。腹がいっぱいで苦しかった。ひとつぶ、ふたつぶ、雨が落ちてきた。

「夕方までもちませんでしたね。」

降ってきたね。言うと、くまは頷《うなず》いた。

急いでバスケットに料理の残りをしまい敷物をたたむと、くまは大きな傘をバスケットから取り出した。どこまでも用意のいいくまである。傘を広げ、さしかけてくれる。いやに大きい。よくみれば、傘は折りたたみ式のビーチパラソルだった。かるがると、くまはビーチパラソルをさして立っている。空が真っ暗になり、大粒の雨がぱらぱらとビーチパラソルを叩いた。

「いけませんね。かみなりが来ます。」くまはしきりに空気を嗅ぎながら、言った。

「大きいやつだ。」

しばらくはかみなりの気配はなかったが、数分後に遠くでごろごろと鳴り始めた。雨はかなり激しく、かみなりは見る間に近づいた。いなびかりがしてから雷鳴がとどろくまでの時間が次第にせばまってゆく。

（川上弘美「草上の昼食」中公文庫『神様』所収）

問一 傍線部①で、この時の「わたし」はどのようなことを考えていたと思うか、その内容を三五字以内で書きなさい（句読点を含む）。（15点）

問二 傍線部②で「合わせられなくなってき」たという「くま」は、【文章1】においては完全に「合わせ」ることができていただろうか。次の指示を満たすように説明しなさい。（15点）

（1）八〇字以内で書くこと（句読点を含む）。

（2）「くま」が「合わせ」ることができていたか、いなかったか、自分の立場を明確にすること。

（3）「くま」が合わせようとしていたのは何かを明確にすること。

（4）そうした立場を取るのはなぜなのか、【文章1】から根拠となる叙述を示しながら説明すること。

10	20	30	40	50	60	70	80

問三　【文章1】と【文章2】では、「わたし」の「くま」に対する思いに変化が見られる。「わたし」の言動に触れながら、その変化を一二〇字以内で説明しなさい（句読点を含む）。（20点）

10	20	30	40	50	60	70	80	90	100	110	120

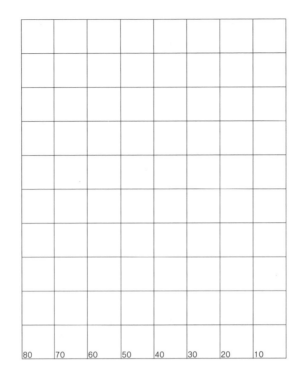

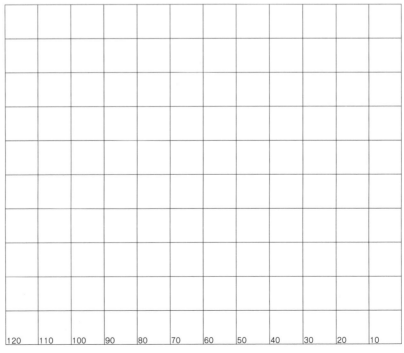

小説 ③こころ

夏目《なつめ》漱石《そうせき》（『精選現代文B　改訂版』『現代文B　改訂版』）

／50

次の【文章1】は、ユウコさんが国語の授業で読んだ夏目漱石の「こころ」の一節である。また、【文章2】は、その関連作品として読んだ芥川龍之介の「枯野抄《かれのしょう》」である。これらの文章を読んで、後の問いに答えなさい（ただし、【文章2】には中略がある）。

◆文章1◆

勘定してみると奥さんがKに話をしてからもう二日余りになります。その間Kは私に対して少しも以前と異なった様子を見せなかったので、私は全くそれに気がつかずにいたのです。彼の超然とした態度はたとい外観だけにもせよ、敬服に値すべきだと私は考えました。彼と私を頭の中で並べてみると、彼のほうがはるかに立派に見えました。「おれは策略で勝っても人間としては負けたのだ。」という感じが私の胸に渦巻いて起こりました。私はその時さぞKが軽蔑していることだろうと思って、一人で顔を赤らめました。しかし今さらKの前に出て、恥をかかせられるのは、私の自尊心にとって大いな苦痛でした。

私が進もうかよそうかと考えて、ともかくも明くる日まで待とうと決心したのは土曜の晩でした。ところがその晩に、Kは自殺して死んでしまったのです。私は今でもその光景を思い出すとぞっとします。いつも東枕で寝る私が、その晩に限って、偶然西枕に床を敷いたのも、何かの因縁かもしれません。私は枕元から吹き込む寒い風でふと目を覚ましたのです。見ると、いつも立て切ってあるKと私の部屋との仕切りの襖《ふすま》が、この間の晩と同じくらい開いています。けれどもこの間のように、Kの黒い姿はそこには立っていません。私は暗示を受けた人のように、床の上に肘を突いて起き上がりながら、きっとKの部屋をのぞきました。ランプが暗くともっているのです。それで床も敷いてあるのです。しかし掛け布団ははね返されたように裾のほうに重なり合っているのです。そうしてK自身は向こうむきに突っ伏しているのです。

私はおいと言って声を掛けました。しかしなんの答えもありません。おいどうかしたのかと私はまたKを呼びました。それでもKの体はちっとも動きません。私はすぐ起き上がって、敷居際まで行きました。そこから彼の部屋の様子を、暗いランプの光で見回してみました。

その時私の受けた第一の感じは、Kから突然恋の自白を聞かされた時のそれとほぼ同じでした。私の目は彼の部屋の中を一目見るや否や、あたかもガラスで作った義眼のように、動く能力を失いました。私は棒立ちに立ちすくみました。それが疾風のごとく私を通過したあとで、私はまたああしまったと思いました。①もう取り返しがつかないという黒い光が、私の未来を貫いて、一瞬間に私の前に横たわる全生涯をものすごく照らしました。そうして私はがたがた震え出したのです。

それでも私はついに私を忘れることができませんでした。私はすぐ机の上に置いてある手紙に目をつけました。それは予期どおり私の名宛てになっていました。私は夢中で封を切りました。しかし中には私の予期したようなことはなんにも書いてありませんでした。私は私にとってどんなにつらい文句がその中に書き連ねてあるだろうと予期したのです。そうして、もしそれが奥さんやお嬢さんの目に触れたら、どんなに軽蔑されるかもしれないという恐怖があったのです。私はちょっと目を通しただけで、まず助かったと思いました。(もとより世間体の上だけで助かったのですが、その世間体がこの場合、私にとっては非常な重大事件に見えたのです。)

手紙の内容は簡単でした。そうしてむしろ抽象的でした。自分は薄志弱行でとうてい行く先の望みがないから、自殺するというだけなのです。それから今まで私に世話になった礼が、ごくあっさりした文句でその後に付け加えてありました。世話ついでに死後の片づけ方も頼みたいという言葉もありました。奥さんに迷惑をかけてすまんからよろしくわびをしてくれという句もありました。国元へは私から知らせてもらいたいという依頼もありました。必要なことはみんな一口ずつ書いてある中にお嬢さんの名前だけはどこにも見えません。私はしまいまで読んで、すぐKがわざと回避したのだということに気がつきました。しかし私の最も痛切に感じたのは、最後に墨の余りで書き添えたらしく見える、もっと早く死ぬべきだのになぜ今まで生きていたのだろうという意味の文句でした。

私は震える手で、手紙を巻き収めて、再び封の中へ入れました。私はわざとそれをみんなの目につくように、元のとおり机の上に置きました。そうして振り返って、襖にほとばしっている血潮を初めて見たのです。

(夏目漱石「こころ」)

◆文章2◆

*丈草《じょうそう》、*去来《きょらい》を召し、昨夜目のあわざるまま、ふと案じ入りて、*呑舟《どんしゅう》に書かせたり、おのおの詠じたまえ

旅に病むで夢は枯野をかけめぐる

——花屋日記——

*元禄《げんろく》七年十月十二日の午後である。一しきり赤々と朝焼けた空は、また昨日《きのう》のように時雨《しぐ》れるかと、大阪商人《あきんど》の寝起きの眼を、遠い瓦屋根の向こうに誘ったが、幸い葉をふるった柳の梢を、煙らせるほどの雨もなく、やがて曇りながらもうす明るい、もの静かな冬の昼になった。

(中略)

この時、*御堂前南久太郎町、花屋仁左衛門《はなやにざえもん》の裏座敷では、当時俳諧の大宗匠と仰がれた芭蕉庵松尾桃青《とうせい》が、四方から集まって来た門下の人々に介抱されながら、五十一歳を*一期《いちご》として、「*埋火《うずみび》のあたたまりの冷むるがごとく」静かに息を引きとろうとしていた。時刻はおよそ、*申《さる》の中刻にも近かろうか。——隔ての襖《ふすま》をとり払った、だだっ広い座敷の中には、枕頭に炷《た》きさした香の煙が、一すじ昇って、天下の冬を庭

さきに堰《せ》いた、新しい障子の色も、ここばかりは暗くかげりながら、身にしみるように冷や冷やする。その障子の方を枕にして、寂然と横たわった芭蕉のまわりには、まず、医者の木節《もくせつ》が、夜具の下から手を入れて、間遠い脈を守りながら、浮かない眉をひそめていた。その後ろに居すくまって、さっきから小声の称名*を絶たないのは、今度伊賀から伴《とも》に立って来た、老僕の治郎兵衛《じろべえ》に違いない。と思うとまた、木節の隣には、誰の眼にもそれと知れる、大兵肥満の*晋子其角《しんしきかく》が、*紬《つむぎ》の角通し《かくどお》の懐を鷹揚《おうよう》にふくらませて、憲法小紋*の肩をそば立てた、ものごしの凜々《りり》しい去来と一しょに、じっと師匠の容態を窺っている。それから其角の後ろには、法師じみた丈艸が、手くびに菩提樹《ぼだいじゅ》の珠数をかけて、端然と控えていたが、隣に座を占めた*乙州《おつしゅう》の、絶えず鼻を啜《すす》っているのは、もうこみ上げて来る悲しさに、堪えられなくなったからであろう。その様子をじろじろ眺めながら、古法衣《ふるごろも》の袖をかきつくろって、無愛想な*頤《おとがい》をそらせている、背の低い僧形は*惟然坊《いねんぼう》で、これは色の浅黒い、剛愎そうな*支考《しこう》と肩をならべて、木節の向こうに座っていた。あとはただ、何人かの弟子たちが皆息もしないように静まり返って、あるいは右、あるいは左と、師匠の床を囲みながら、限りない死別の名ごりを惜しんでいる。が、その中でもたった一人、座敷の隅に蹲《うずくま》って、ぴったり畳にひれ伏したまま、慟哭《どうこく》の声を洩《も》らしていたのは、*正秀《せいしゅう》ではないかと思われる。しかしこれさえ、座敷の中のうすら寒い沈黙に抑えられて、枕頭の香のかすかな匂いを、擾《みだ》すほどの声も立てない。(中略)

「水を。」

木節はやがてこう言って、静かに後ろにいる治郎兵衛を顧みた。一椀の水と一本の羽根楊子*とは、すでにこの老僕が、用意して置いたところである。彼はその二品をおずおず主人の枕元へ押し並べると、思い出したようにまた、口を早めて、専念に称名を唱え初めた。治郎兵衛の素朴な、山家《やまが》育ちの心には、芭蕉にせよ、誰にもせよ、ひとしく彼岸に往生するのなら、ひとしくまた、弥陀の慈悲にすがるべきはずだという、堅い信念が根を張っていたからであろう。

一方また木節は、「水を。」と言った刹那の間、果たして自分は医師として、万方を尽くしたろうかという、いつもの疑念に遭遇したが、すぐにまた自ら励ますような心もちになって、隣にいた其角の方をふりむきながら、無言のまま、ちょいと合図をした。芭蕉の床を囲んでいた一同の心に、いよいよという緊張した感じが咄嗟《とっさ》に閃《ひらめ》いたのはこの時である。が、その緊張した感じと前後して、一種の弛緩《しかん》した感じが——いわば、来《きた》るべきものが遂に来たという、安心に似た心もちが、通りすぎたこともまた争われない。ただ、この安心に似た心もちは、誰もその意識の存在を肯定しようとはしなかったほど、微妙な性質のものであったからか、現にここにいる一同の中では、最も現実的な其角でさえ、折から顔を見合わせた木節と、際どく相手の眼の中《うち》に、同じ心もちを読み合った時は、さすがにぎょっとせずにはいられなかったのであろう。彼は慌ただしく視線を側《わき》へ外《そ》らせると、さり気なく羽根楊子をとりあげて、

「では、御先へ。」と、隣の去来に挨拶した。そうしてその羽根楊子へ湯呑みの水をひたしながら、厚い膝をにじらせて、そっと今わの師匠の顔をのぞきこんだ。実を言うと彼は、こうなるまでに、師匠と今生の別れをつげるということは、さぞ悲しいものであろうくらいな、予測

めいた考えもなかった訳ではない。が、こうしていよいよ*末期の水をとってみると、自分の実際の心もちは全然その芝居めいた予測を裏切って、いかにも冷淡に澄みわたっている。のみならず、さらに其角が意外だったことには、文字通り骨と皮ばかりに痩せ衰えた、致死期の師匠の不気味な姿は、ほとんど面を背けずにはいられなかったほど、烈しい嫌悪の情を彼に起こさせた。いや、単に烈しいといったのでは、まだ十分な表現ではない。それはあたかも目に見えない毒物のように、生理的な作用さえも及ぼして来る、最も堪え難い種類の嫌悪であった。彼はこの時、偶然な契機によって、醜き一切に対する反感を師匠の病軀の上に洩らしたのであろうか。あるいはまた「生」の享楽家たる彼にとって、そこに象徴された「死」の事実が、この上もなく呪うべき自然の威嚇だったのであろうか。――とにかく、垂死《すいし》の芭蕉の顔に、言いようのない不快を感じた其角は、ほとんど何の悲しみもなく、その紫がかったうすい唇に、一刷毛《ひとはけ》の水を塗るや否や、顔をしかめて引き下がった。もっともその引き下がる時に、自責に似た一種の心もちが、刹那に彼の心をかすめもしたが、彼のさきに感じていた嫌悪の情は、そういう道徳感に顧慮すべく、あまり強烈だったものらしい。

　其角に次いで羽根楊子をとり上げたのは、さっき木節が合図をした時から、すでに心の落ち着きを失っていたらしい去来である。日頃から恭謙の名を得ていた彼は、一同に軽く会釈をして、芭蕉の枕元へすりよったが、そこに横たわっている老俳諧師の病みほうけた顔を眺めると、ある満足と悔恨との不思議に錯雑した心もちを、嫌でも味わわなければならなかった。しかもその満足と悔恨とは、まるで陰と日向《ひなた》のように、離れられない因縁を背負って、実はこの四、五日以前から、絶えず小心な彼の気分を搔乱《そうらん》していたのである。というのは、師匠の重病だという知らせを聞くや否や、すぐに伏見《ふしみ》から船に乗って、深夜にもかまわず、この花屋の門を叩いて以来、彼は師匠の看病を一日も怠ったということはない。その上*之道《しどう》に頼みこんで手伝いの周旋を引き受けさせるやら、*住吉大明神へ人を立てて病気本復を祈らせるやら、あるいはまた花屋仁左衛門に相談して調度類の買入れをしてもらうやら、ほとんど彼一人が車輪になって、万事万端の世話を焼いた。それはもちろん去来自身進んで事に当たったので、誰に恩を着せようという気も、皆無だったことは事実である。が、一身を挙げて師匠の介抱に没頭したという自覚は、勢い、彼の心の底に大きな満足の種を蒔いた。それがただ、意識せられざる満足として、彼の活動の背景に暖かい心もちをひろげていた中は、元より彼も*行住坐臥《ぎょうじゅうざが》に、何らのこだわりを感じなかったらしい。さもなければ夜伽《よとぎ》の行灯《あんどう》の光の下で、支考と浮世話に耽《ふけ》っている際にも、ことさらに孝道の義を釈《と》いて、自分が師匠に仕えるのは親に仕える心算《つもり》だなどと、長々しい述懐はしなかったであろう。しかしその時、得意な彼は、人の悪い支考の顔に、ちらりと閃いた苦笑を見ると、急に今までの心の調和に狂いの出来たことを意識した。そうしてその狂いの原因は、初めて気のついた自分の満足と、その満足に対する自己批評とに存していることを発見した。明日にもわからない大病の師匠を看護しながら、その容態をでも心配することか、いたずらに自分の骨折ぶりを満足の眼で眺めている。――これは確かに、彼のごとき正直者の身にとって、自ら疚《やま》しい心もちだったのに違いない。それ以来去来は何をするのにも、この満足と悔恨との扞挌《かんかく》から、自然とある程度の*掣肘《せいちゅう》を感じ出した。まさに支考の眼の中に、偶然でも微笑の顔が見える時は、かえってその満足の自覚なるものが、一層明白に意識されて、その結果いよいよ自分の卑しさを情けなく思ったことも度々ある。それが何日か続いた今日、こうして師匠の枕元で、末期の水を供する段になると、道徳的に潔癖な、しかも存外神経の繊弱な彼が、こういう内心の矛盾の前に、全然落ち着きを失ったのは、気の毒ではあるが無理もない。だから去来は羽根楊子をとり上げると、妙に体中が固くなって、その水を含んだ白い先も、芭蕉の唇を撫でながら、しきりにふるえていたくらい、異常な興奮に襲われた。が、幸い、それとともに、彼の睫毛《まつげ》にあふれようとしていた、涙の珠《たま》もあったので、彼を見ていた門弟たちは、恐らくあの辛辣な支考まで、全くこの興奮も彼の悲しみの結果だと解釈していたことであろう。

やがて去来がまた憲法小紋の肩をそば立てて、おずおず席に復すると、羽根楊子はその後ろにいた丈艸の手へわたされた。日頃から老実な彼が、つつましく伏し眼になって、何やらかすかに口の中で誦《ず》しながら、静に師匠の唇を沾《うるお》している姿は、恐らく誰の見た眼にも厳かだったのに相違ない。が、この厳かな瞬間に突然座敷の片すみからは、不気味な笑い声が聞こえ出した。いや、少なくともその時は、聞こえ出したと思われたのである。それはまるで腹の底からこみ上げて来る哄笑が、喉と唇とに堰かれながら、しかもなおおかしさに堪え兼ねて、ちぎれちぎれに鼻の孔《あな》から、迸《ほとばし》って来るような声であった。が、言うまでもなく、誰もこの場合、笑いを失したものがあった訳ではない。声は実にさっきから、涙にくれていた正秀の抑えに抑えていた慟哭が、この時胸を裂いてあふれたのである。その慟哭はもちろん、悲愴を極めていたのに相違なかった。あるいはそこにいた門弟の中には、「塚も動けわが泣く声は秋の風」という、師匠の名句を思い出したものも、少なくはなかったことであろう。が、その凄絶なるべき慟哭にも、同じく涙に咽《むせ》ぼうとしていた乙州は、その中にある一種の誇張に対して、――と言うのが穏やかでないならば、慟哭を抑制すべき意志力の欠乏に対して、多少不快を感じずにはいられなかった。ただ、そういう不快の性質は、どこまでも智的なものに過ぎなかったのであろう。彼の頭が否と言っているにもかかわらず、彼の心臓はたちまち正秀の哀慟《あいどう》の声に動かされて、いつか眼の中は涙で一ぱいになった。が、彼が正秀の慟哭を不快に思い、ひいては彼自身の涙をも潔しとしないことは、さっきと少しも変わりはない。しかも涙はますます眼にあふれて来る――乙州は遂に両手を膝の上についたまま、思わず嗚咽《おえつ》の声を発してしまった。が、この時＊歔欷《きょき》するらしいけはいを洩らしたのは、ひとり乙州ばかりではない。芭蕉の床の裾の方に控えていた、何人かの弟子の中からは、それとほとんど同時に洟《はな》をすする声が、しめやかに冴《さ》えた座敷の空気をふるわせて、断続しながら聞こえ始めた。(中略)

続いて乙州、正秀、之道、木節と、病床を囲んでいた門人たちは、順々に師匠の唇を沾した。が、その間に芭蕉の呼吸は、一息毎に細くなって、数さえ次第に減じて行く。喉も、もう今では動かない。うす痘痕《いも》の浮かんでいる、どこか蠟《ろう》のような小さい顔、遥かな空間を見据えている、光の褪《あ》せた瞳の色、そうして頤にのびている、銀のような白い鬚《ひげ》――それが皆人情の冷たさに凍《い》てついて、やがて赴くべき＊寂光土《じゃっこうど》を、じっと夢みているように思われる。するとこの時、去来の後ろの席に、黙然と頭《こうべ》を垂れていた丈草は、あの老実な禅客の丈草は、芭蕉の呼吸のかすかになるのに従って、限りない悲しみと、そうしてまた限りない安らかな心もちとが、おもむろに心の中へ流れこんで来るのを感じ出した。悲しみは元より説明を費すまでもない。が、その安らかな心もちは、あたかも明け方の寒い光が次第にやみの中にひろがるような、不思議に朗らかな心もちである。しかもそれは刻々に、あらゆる雑念を溺らし去って、果ては涙そのものさえも、毫《ごう》も心を刺す痛みのない、清らかな悲しみに化してしまう。彼は師匠の魂が虚夢の生死を超越して、*常住涅槃《ねはん》の宝土に還ったのを喜んでもいるのであろうか。いや、これは彼自身にも、肯定のできない理由であった。それならば——ああ、誰かいたずらに踏跙逡巡《しそしゅんじゅん》して、己を欺くの愚をあえてしよう。丈草のこの安らかな心もちは、久しく芭蕉の人格的圧力の桎梏《しっこく》に、空しく屈していた彼の自由な精神が、その本来の力をもって、ようやく手足を伸ばそうとする、解放の喜びだったのである。彼はこの恍惚たる悲しい喜びの中に、菩提樹の念珠をつまぐりながら、周囲にすすりなく門弟たちも、眼底を払って去ったごとく、唇頭にかすかな笑みを浮かべて、恭しく臨終の芭蕉に礼拝した。——

こうして、古今に倫を絶した俳諧の大宗匠、芭蕉庵松尾桃青は、「悲歎かぎりなき」門弟たちに囲まれたまま、溘然《こうぜん》として*属纊《しょっこう》に就いたのである。

（芥川龍之介「枯野抄」　ちくま文庫「芥川龍之介全集」第二巻所収）


*丈草……内藤丈草、一六六二—一七〇四年。蕉門十哲の一人。官職にあったが、職を辞して山城の深草に遁世し芭蕉に師事した。

*去来……向井去来、一六五一—一七〇四年。蕉門十哲の一人。蕉門の代表選集『猿蓑』を凡兆と共編。『去来抄』その他の著作がある。

*呑舟……大阪の俳人槐本之道の門人。

*元禄七年……西暦一六九四年。

*御堂前南久太郎町……現在の大阪府中央区久太郎町。

*一期……一生涯。

*埋火……灰にうずめた炭火。いけ火。

*申の中刻……午後四時前後。

*称名……仏の名号。

*晋子其角……榎本其角、一六六一—一七〇七年。晋子は俳号。蕉門十哲の一人。近江の人。芭蕉の没後、知的技巧に富む、軽妙洒脱で都会的な俳風を確立、江戸座を起こした。

*紬の角通し……四角な袖。

*憲法小紋……吉岡憲法の創始による黒褐色に小紋を染め出したもの。

*乙州……川井乙州。近江の人。蕉門女流俳人として名高い智月の子。

*頤……あご。

*惟然坊……広瀬惟然　?—一七一一年。美濃の人。芭蕉門人。芭蕉没後自由律、口語俳諧を提唱。

*支考……各務《かがみ》支考、一六六五—一七三一年。美濃の人。蕉門十哲の一人。芭蕉の没後、平俗な美濃風を開く。

*正秀……水田正秀。近江の人。

*羽根楊子……細い柄の先に羽毛をつけた楊枝。鉄漿《おはぐろ》をつけたり、薬をつけたりするのに用いる。

*末期の水……亡くなろうとしている人の口元に含ませる水。死に水。

*之道……槐本《えもと》之道、一六五九？—一七〇八年。芭蕉の門人。

*住吉大明神……大阪市住吉区にある住吉神社。

*行住坐臥……夜寝ないで側につきそっていること。

*掣肘……制約。

*歔欷……むせびなくこと。

*寂光土……仏の住む極楽浄土。

*常住涅槃の宝土……極楽浄土。

*属纊……臨終。

問一　傍線部①とあるが、「私」にはどのようなことが予想されたのか。「……と予想されたということ。」という文末に続くように、四〇字以内で説明しなさい（句読点を含む）。（15点）

問二　【文章2】を読んだユウコさんは、人は他者の死に直面したとき、純粋な悲しみだけではなく、複雑な心情を抱く場合もある、ということに気づいた。次の会話文は、【文章2】についてユウコさんの班で話し合っている様子の一部を示したものである。空欄Aに当てはまる内容を、【文章2】をふまえて三〇字以内で書きなさい（句読点を含む）。（15点）

ユウコさん　死を迎える直前の師匠に対して、弟子たちがそれぞれ、さまざまな思いを抱いているよね。

ケンタさん　そうだね。まず、「其角」は、芭蕉に対して「烈しい嫌悪の情」を抱いているようだけど……。

ナナコさん　死ぬ間際の師匠の姿が「不気味」に感じられて、「不快」になっているね。

ユウコさん　死に対する嫌悪感か。わかるような、わからないような。「去来」は、もう少し複雑な思いを抱いているみたいだよ。

ケンタさん　「満足と悔恨との不思議に錯雑した心もち」とあるね。「悔恨」って、どういうことに対する悔恨なんだろう？

ユウコさん　[A] してしまったことに対する悔恨ということだと思う。

ケンタさん　なるほど。相反する感情を同時に抱いているんだね。

問三　ユウコさんは【文章1】と【文章2】に関する話し合いを通して、他者の死をどう受け入れるかという問題について考え、そして、【文章2】の登場人物「丈草」の心情と、【文章1】の「私」が「K」の死に直面した際の行動の類似点をまとめることにした。ユウコさんは、どのようにまとめたと考えられるか。次の指示を満たすように説明しなさい。（20点）

（1）二つの文に分けて、全体を一〇〇字以上、一五〇字以内で書くこと（句読点を含む）。
（2）一文目では、【文章2】の「丈草」の心情を説明すること。
（3）二文目では、【文章1】の「私」の行動を説明すること。
（4）二文目は、「同様に」で書き始め、「と言える。」という文末で結ぶこと。

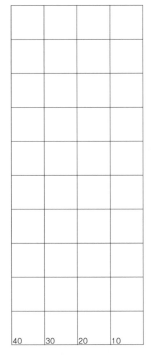

150	140	130	120	110	100	90	80	70	60	50

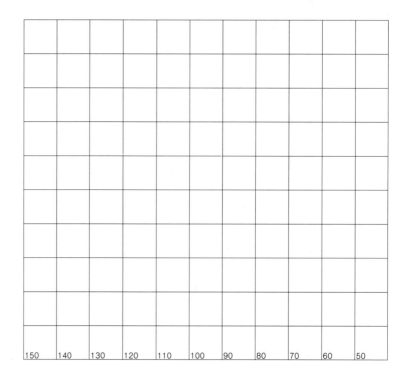

小説 ④ 舞姫

森《もり》鷗外《おうがい》
(『精選現代文B 改訂版』『現代文B 改訂版』)

/50

次の【文章1】は、エリコさんが国語の授業で読んだ森鷗外の「舞姫」の一節である。また【文章2】は、その関連作品として読んだ、同じく鷗外の「妄想《もうぞう》」の一節、【文章3】は「舞姫」についての批評の一節である。これらの文章を読んで、後の問いに答えなさい。

◆文章1◆

余は幼き頃より厳しき庭の訓《をし》へを受けし甲斐に、父をば早く失ひつれど、学問の荒《すさ》み衰ふることなく、旧藩の学館に在りし日も、東京に出《い》でて予備黌《よびくわう》に通ひしときも、大学法学部に入りし後も、太田豊太郎といふ名はいつも一級の首《はじめ》に記されたりしに、一人子の我を力になして世を渡る母の心は慰みけらし。十九の歳には学士の称を受けて、大学の立ちてよりその頃までにまたなき名誉なりと人にも言はれ、某《なにがし》省に出仕して、故郷なる母を都に呼び迎へ、楽しき年を送ること三年《みとせ》ばかり、官長の覚え殊なりしかば、洋行して一課の事務を取り調べよとの命を受け、我が名を成さむも、我が家を興さむも、今ぞと思ふ心の勇み立ちて、五十を越えし母に別るるをもさまで悲しとは思はず、はるばると家を離れてベルリンの都に来ぬ。

余は模糊《もこ》たる功名の念と、検束に慣れたる勉強力とを持ちて、たちまちこのヨオロツパの新大都の中央に立てり。なんらの光彩ぞ、我が目を射むとするは。なんらの色沢ぞ、我が心を迷はさむとするは。菩提樹下《ぼだいじゅか》と訳するときは、幽静なる境なるべく思はるれど、この大道髪のごときウンテル・デン・リンデンに来て両辺なる石畳の人道を行く隊々《くみぐみ》の士女を見よ。胸張り肩そびえたる士官の、まだウイルヘルム一世の街に臨める窓に倚《よ》りたまふ頃なりければ、様々の色に飾りなしたる礼装をなしたる、顔よき少女《をとめ》のパリまねびの粧《よそほ》ひしたる、かれもこれも目を驚かさぬはなきに、車道の土瀝青《チャン》の上を音もせで走るいろいろの馬車、雲にそびゆる楼閣の少しとぎれたる所には、晴れたる空に夕立の音を聞かせてみなぎり落つる噴井《ふきゐ》の水、遠く望めばブランデンブルク門を隔てて緑樹枝をさし交はしたる中より、半天に浮かび出でたる凱旋塔《がいせんたふ》の神女の像、このあまたの景物目睫《もくせふ》の間《かん》に集まりたれば、初めてここに来しものの応接にいとまなきもうべなり。されど我が胸にはたとひいかなる境に遊びても、あだなる美観に心をば動かさじの誓ひありて、つねに我を襲ふ外物を遮りとどめたりき。(中略)

さて官事のいとまあるごとに、かねて公の許しをば得たりければ、ところの大学に入りて政治学を修めむと、名を簿冊に記させつ。

ひと月ふた月と過ぐすほどに、公の打ち合はせも済みて、取り調べもしだいに捗《はかど》りゆけば、急ぐことをば報告書に作りて送り、さらぬをば写しとどめて、つひには幾巻《いくまき》をかなしけむ。大学のかたにては、幼き心に思ひ計りしがごとく、政治家になるべき特科のあるべうもあらず、これかかれかと心迷ひながらも、二、三の法家の講筵《かうえん》に連なることに思ひ定めて、謝金を納め、行きて聴きつ。

かくて三年ばかりは夢のごとくにたちしが、時来《きた》れば包みても包みがたきは人の好尚なるらむ、余は父の遺言を守り、母の教へに従ひ、人の神童なりなど褒むるが嬉《うれ》しさに怠らず学びしときより、官長のよき働き手を得たりと励ますが喜ばしさにたゆみなく勤めしときまで、ただ所動的、器械的の人物になりて自ら悟らざりしが、今二十五歳になりて、既に久しくこの自由なる大学の風に当たりたればにや、心の中なにとなく穏やかならず、奥深く潜みたりしまことの我は、やうやう表に現れて、①昨日までの我ならぬ我を攻むるに似たり。余は我が身の今の世に雄飛すべき政治家になるにもよろしからず、またよく法典をそらんじて獄を断ずる法律家になるにもふさはしからざるを悟りたりと思ひぬ。余はひそかに思ふやう、我が母は余を生きたる辞書となさむとし、我が官長は余を生きたる法律となさむとやしけむ。辞書たらむはなほ堪ふべけれど、法律たらむは忍ぶべからず。今までは瑣々《ささ》たる問題にも、極めて丁寧にいらへしつる余が、この頃より官長に寄する書《ふみ》にはしきりに法制の細目にかかづらふべきにあらぬを論じて、一たび法の精神をだに得たらむには、紛々たる万事は破竹のごとくなるべしなどと広言しつ。また大学にては法科の講筵をよそにして、歴史文学に心を寄せ、やうやく蔗《しょ》を嚼《か》む境に入りぬ。

官長はもと心のままに用ゐるべき器械をこそ作らむとしたりけめ。独立の思想を抱きて、人なみならぬ面もちしたる男をいかでか喜ぶべき。危ふきは余が当時の地位なりけり。されどこれのみにては、なほ我が地位を覆すに足らざりけむを、日頃ベルリンの留学生のうちにて、ある勢力ある一群れと余との間に、おもしろからぬ関係ありて、かの人々は余を猜疑《さいぎ》し、またつひに余を讒誣《ざんぶ》するに至りぬ。されどこれとてもその故なくてやは。

かの人々は余がともに麦酒《ビイル》の杯をも挙げず、球突きの棒《キユウ》をも取らぬを、かたくなる心と欲を制する力とに帰して、かつは嘲りかつは嫉みたりけむ。されどこは余を知らねばなり。ああ、この故よしは、我が身だに知らざりしを、いかでか人に知らるべき。我が心はかの合歓《ねむ》といふ木の葉に似て、物触《さや》れば縮みて避けむとす。我が心は処女に似たり。余が幼き頃より長者の教へを守りて、学びの道をたどりしも、仕への道をあゆみしも、みな勇気ありてよくしたるにあらず、耐忍勉強の力と見えしも、みな自ら欺き、人をさへ欺きつるにて、人のたどらせたる道を、ただ一筋にたどりしのみ。よそに心の乱れざりしは、外物を棄《す》てて顧みぬほどの勇気ありしにあらず、ただ外物に恐れて自ら我が手足を縛せしのみ。故郷を立ち出づる前にも、我が有為の人物なることを疑はず、また我が心のよく耐へむことをも深く信じたりき。ああ、彼も一時。②舟の横浜を離るるまでは、あつぱれ豪傑と思ひし身も、せきあへぬ涙に手巾を濡らしつるを我ながら怪しと思ひしが、これぞなかなかに我が本性なりける。この心は生まれながらにやありけむ、また早く父を失ひて母の手に育てられしによりてや生じけむ。

かの人々の嘲るはさることなり。されど嫉むはおろかならずや。この弱くふびんなる心を。

（森鷗外「舞姫」）

◆文章2◆

鷗外は、「クロステル巷《こう》」を特定の場所を指し示す名辞であるよりも、古《アルト》ベルリンの暗鬱な街のイメージ総体を表徴する符牒《ふちょう》として『舞姫』のテクストのなかに象嵌《ぞうがん》した。何よりもそれはウンテル・デン・リンデンの*バロック空間に対峙《たいじ》する反世界のしるしでなければならなかったのだ。

「獣苑《じゅうえん》」からウンテル・デン・リンデンを経て、「クロステル巷」にまぎれこむ太田豊太郎の動線は、「かの灯火の海を渡り来て」、「この狭く薄暗き巷に入り」という対句を標識に二つに切りわけられる。私たちはごく自然にウンテル・デン・リンデンを明るませていた灯影の残像を、夕闇に包まれた「クロステル巷」の状景に重ね合わせることになるだろう。ガス灯と電灯のきらめきが、ウンテル・デン・リンデンの直線の大通りを浮きあがらせているとすれば、「クロステル巷」は深い影をわだかまらせている迷路の空間であり、そこに配される点景人物は、歩道を闊歩《かっぽ》する「胸張り肩そびえたる士官」や「パリまねび」の「顔よき少女」にかわって、居酒屋の前にたたずむ「ユダヤ教徒の翁」がえらばれる。中心からへだてられた周縁の領域の表象である。さらにつけくわえて言うと、天空にそびえたつ凱旋塔をはるかな消点として遠近法の構図を収斂《しゅうれん》させたウンテル・デン・リンデンの視角にたいして、「凹字の形に引き込みて建てられ」た古寺院の扉をアイストップとして収束するのが、「クロステル巷」の視界である。豊太郎のまなざしを魅きつけるのは、この「鎖したる寺門の扉」に倚るエリスの姿であるが、それは凱旋塔の頂きを飾っていた勝利の女神像と一対のイメージをかたちづくっているようにおもわれる。一方には遠近法の軸線にそって無限に広がる空間をひとすじに志向する視線があり、他方には閉ざされた空間のなかで街の表層をジグザグにゆれうごく視線がある（洗濯物と階段のイメージ）。あるいは「クロステル巷」の親密で秘めやかな空間の壁が視線を包みこんでしまうといいかえてもいい。さまざまな対象を一つに結び合わせて行くこの視線の統辞法から、③対峙する二つの異質な空間の構造があらわになるのである。

エリスと出会う以前の太田豊太郎を取りまく生活空間は、モンビシュウ街の下宿とウンテル・デン・リンデンの北側にあった大学を結ぶ線を中心に構成されていた。日本帝国から派遣された国費留学生の立場と役割に疑いをもたなかった豊太郎の日常は、ベルリン中枢の制度的な空間、*カイゼル帝国の権威と意志を表徴するモニュメンタルな空間の暈《かさ》のしたに抱えこまれていたのである。この空間の呪縛から解き放たれるきっかけは、豊太郎がドイツの自由な大学の風に触れて、「奥深く潜みたりしまことの我」にめざめはじめたときに訪れる。しかし、同じ留学生仲間との社交をいさぎよしとしなかった豊太郎は、「まことの我」を他者に向けてひらこうとはしない。「かの人々は余がともに麦酒の杯をも挙げず、球突きの棒をも取らぬを、かたくななる心と欲を制する力とに帰して、かつは嘲りかつは嫉みたりけむ。」——留学生仲間の嫉視と猜疑は、豊太郎をいっそう孤立した境位に追いつめて行く。都会が提供する多様な快楽、他者との出会いの場をかたくなに拒みとおした豊太郎にとって、生きられたベルリンはいたるところに落丁があり、空白なページがのこされている書物であった。おそらく、その分だけクロステル巷の界隈《かいわい》は、アイデンティティを回復するやすらぎの場としての意味をもちはじめるのである。クロステル街の一角にそりたつ古寺院をふりあおぎながら、束の間の恍惚感《エクスタシー》に身をゆだねる豊太郎の体験は、ベルリンの中心的な部分から疎外され、逸脱してしまった彼がしだいにその周縁的な部分に魅きつけられて行く過程を指し示している。それは同時にまた、豊太郎の自意識のかたい輪郭が溶けだして行く界面、その向こう側に無意識の世界との出会いが予感される境界を意味していたのである。

（前田愛『都市空間のなかの文学』ちくま学芸文庫）

＊バロック……6ページの注参照。

＊カイゼル……皇帝。

◆文章3◆

生まれてから今日まで、自分は何をしているか。始終何物かに鞭《むち》うたれ駆られているように学問ということにあくせくしている。これは自分にある働きができるように、自分を仕上げるのだと思っている。その目的は幾分か達せられるかもしれない。しかし自分のしていることは、役者が舞台へ出てある役を勤めているにすぎないように感ぜられる。その勤めている役の後ろに、別に何物かが存在していなくてはならないように感ぜられる。鞭うたれ駆られてばかりいるために、その何物かが醒覚する暇がないように感ぜられる。勉強する子供から、勉強する学校生徒、勉強する官吏、勉強する留学生というのが、皆その役である。赤く黒く塗られている顔をいつか洗って、ちょっと舞台から降りて、静かに自分というものを考えてみたい、後ろの何物かの面目を覗《のぞ》いてみたいと思い思いしながら、舞台監督の鞭を背中に受けて、役から役を勤め続けている。この役がすなわち生だとは考えられない。後ろにあるある物が真の生ではあるまいかと思われる。しかしそのある物は目を覚まそう覚まそうと思いながら、またしてはうとうとして眠ってしまう。この頃折々切実に感ずる故郷の恋しさなんぞも、浮き草が波に揺られて遠いところへ行って浮いているのに、どうかするとその揺れるのが根に響くような感じであるが、これは舞台でしている役の感じではない。しかしそんな感じは、ちょっと頭を挙げるかと思うと、すぐに引っ込んでしまう。

　それとは違って、夜寝られない時、こんな風に舞台で勤めながら生涯を終わるのかと思うことがある。それからその生涯というものも長いか短いか知れないと思う。ちょうどその頃留学生仲間が一人チフス＊になって入院して死んだ。講義のない時間に、Charite＊へ見舞いに行くと、伝染病室のガラス越しに、寝ているところを見せてもらうのであった。熱が四〇度を超過するので、毎日冷水浴をさせるということであった。そこで自分は医学生だったので、どうも日本人には冷水浴は危険だと思って、外のものにも相談してみたが、病院に入れておきながら、そこの治療方針に容喙するのは不都合であろうし、よしや言ったところで採用せられはすまいというので、傍観していることになった。そのうちある日見舞いに行くと昨夜《ゆうべ》死んだということであった。その男の死に顔を見たとき、自分はひどく感動して、自分もいつどんな病に感じて、こんな風に死ぬるかも知れないと、ふと思った。それからは折々ベルリンで死んだらどうだろうと思うことがある。

そういう時は、まず故郷で待っている二親《ふたおや》がどんなに歎くだろうと思う。それから身近い種々の人のことを思う。中《うち》にも自分にひどく懐いていた、頭の毛のちぢれた弟の、故郷を立つとき、まだやっと歩いていたのが、毎日毎日兄さんはいつ帰るかと問うということを、手紙で言ってよこされている。その弟が、もし兄さんはもう帰らないと言われたら、どんなにか嘆くだろうと思う。（中略）

とかくするうちに留学三年の期間が過ぎた。自分はまだ均勢を得ない物体の動揺を心の内に感じていながら、何の師匠を求めるにも便りのいい、文化の国を去らなくてはならないことになった。生きた師匠ばかりではない。相談相手になる書物も、遠く足を運ばずに大学の図書館に行けばたいてい間に合う。また買ってみるにも注文してから何箇月目に来るなどという面倒はない。そういう便利な国を去らなくてはならないことになった。

故郷は恋しい。美しい、懐かしい夢の国として故郷は恋しい。しかし自分の研究しなくてはならないことになっている学術を真に研究するには、その学術の新しい田地を開墾していくには、まだいろいろの要約*の欠けている国に帰るのは残り惜しい。あえて「まだ」と言う。日本に長くいて日本を底から知り抜いたと言われているドイツ人某*は、この要約は今欠けているばかりでなくて、永遠に東洋の天地には生じてこないと宣告した。東洋には自然科学を育てていく雰囲気はないのだと宣告した。はたしてそうなら、帝国大学*も、伝染病研究所*も、永遠にヨーロッパの学術の結論だけを取り継ぐ場所たるにすぎないはずである。こういう判断は、ロシアとの戦争*の後に、ヨーロッパの当たり狂言になっていたTaifun*なんぞにも現れている。しかし自分は日本人を、そう絶望しなくてはならないほど、無能な種族だとも思わないから、あえて「まだ」と言う。自分は日本で結んだ学術の果実をヨーロッパへ輸出する時もいつかは来るだろうと、その時から思っていたのである。

自分はこの自然科学を育てる雰囲気のある、便利な国をあとに見て、夢の故郷へ旅立った。それはもちろん立たなくてはならなかったのではあるが、立たなくてはならないという義務のために立ったのではない。自分の願望の秤も、一方の皿に便利な国を載せて、一方の皿に夢の故郷を載せたとき、便利の皿をつった緒をそっと引く、白い、優しい手があったにもかかわらず、たしかに夢の方へ傾いたのである。

（森鷗外「妄想《もうぞう》」ちくま文庫「森鷗外全集」第三巻所収）


*チフス……細菌感染症の一種。高熱や発疹、おう吐を伴う。

*Charite……シャリテエ。ここでは慈善病院のこと。

*要約……必要な条件。

*ドイツ人某……エルヴィン・フォン・ベルツ（一八四九―一九一三年）のことをさしていると思われる。ドイツの医師で、一八七六年に来日し東京帝国大学で二七年間にわたって医学を教えた。

*帝国大学……旧制の国立総合大学。

*伝染病研究所……当時の、内務省管轄の国立伝染病研究所。

*ロシアとの戦争……日露戦争。

*Taifun……「台風」。日本の医学生を主人公にした劇。

問一 傍線部①の「昨日までの我ならぬ我」とは、どのような「我」か。――三〇字以内で説明しなさい（句読点を含む）。（10点）

問二　エリコさんは、【文章1】をより深く理解するために【文章2】を参照し、傍線部③「対峙する二つの異質な空間の構造」が、空間の性質という観点から「舞姫」の主題を表現したものであると気づいた。二つの空間の構造と作品の主題とは、どのような関係をもっているだろうか。【文章1】における「豊太郎」のあり方にふれながら、一二〇字以上、一五〇字以内で書きなさい。（15点）

10　20　30

10　20　30　40　50　60　70

80　90　100　110　120　130　140　150

問三　エリコさんは、傍線部②を読んで、【文章3】にもそれと共通する主人公の心情が記されていることに気づいた。次の図は、その点に関してエリコさんがまとめたノートである。空欄に当てはまる主人公の心情を、三〇字以内で書きなさい（句読点を含む）。（10点）

日本

主人公「自分」

＝「勉強する学校生徒」――役を勤めている役者

↓

「勉強する官吏」――役を勤めている役者

↓

ベルリン留学（文化の国）

「勉強する留学生」――「真の生」の予感

↓

「故郷の恋しさ」＝［　　　　　　　　］感じ

↓

帰国（夢の故郷）

問四 エリコさんは、【文章1】と【文章3】を読んだ結果、森鷗外をモデルとする主人公の留学生活に強い関心を抱いた。そして、そのベルリン留学が主人公にどのような自覚や発見をもたらしたかをレポートにまとめることにした。エリコさんのレポートはどのようなものになったと考えられるか。次の指示を満たすように書きなさい。（15点）

（1）二つの文に分けて、全体を八〇字以上、一二〇字以内で書くこと（句読点を含む）。

（2）一文目は、【文章1】の内容からまとめること。

（3）二文目は、【文章3】の内容からまとめること。

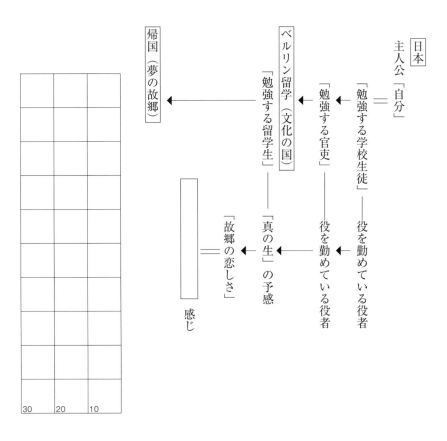

120	110

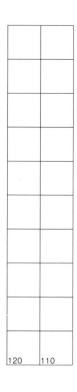

考える主体になるために

◆問いを立てる

外部からさまざまな情報を受けとり（入力）、処理し応答する（出力）。その点では、人間もコンピューターと同じ「情報処理マシン」といえる。では、どこが違うか。「出力の意外性」＝創発性が人間と機械とをきっぱりと分ける。そこに、人間が「考える主体」である意味がある。

考えるためには対象が必要だ。「問い」を立て、育てていくことが大切なのだ。では、どのようにして「問い」を立てるか。当たり前だ、と思っていることに疑問符を打つこと、自分から遠い疎遠な世界からの声に耳を開くこと。疑うことと知ることが、思考の出発点である。

◆対話と問い

どのような対象の、どんな点に「問い」を立てるかを具体化し、深めていく必要がある。そのためには、先行者に学ばなければいけない。同じようなことを考えた人びとの、思考の記録が文章として残っている。人によって、問題の切り口が違う、思考の枠組みが違う。したがって結論も違ってくる。問題が複雑であるほど、解も多数ある。ていねいに、その思考の筋道を追うことが肝要である。複数の資料を比較対照して、どの点が同じで、どこが異なるのか見極める。そうした作業を進めていくうちに、自分の「問い」は具体化され、明確な焦点を結ぶようになる。人間とは対話的存在であり、他者から学び応答するものなのである。文化の伝統とは、この対話のことであり、他者との出会いこそ、「私」を鍛錬する場である。

◆複数の資料を読み解く

本問題集では、この伝統を実感してもらえるよう、多様なテキストを「対話」させるように配置した。複数の資料を併読する問題では、それら資料間の整合性をみつける作業を求められることが多い。しかし、多様な資料の中から共通している箇所を抜き出しまとめる力だけにとどまっていては、前述したような問いを深める思考には至らない。多様なテキストの読解を通じて、新たな視野に気づくこと、それこそが入試の先に求められる力であり、その力が滋養されるように意を用いた。

そして、独自の問いを立てた時に必要になるのが、あなたの思考を他者に伝えるための記述力である。主張の内容が十分に説明されているか、主張を支える根拠は妥当か、論旨に飛躍はないか。自分の文章を他者の目でみるようにして吟味する必要がある。本問題集では、記述式の問いに関して解答の仕方に一定の指示・条件をつけた。与えられた条件をふまえ、出題者の意図とかみ合うように書くこと、それはいずれ、何の指示もない、より苛酷な自由さの中で論じる訓練になるはずである。

論理的な記述を支えるのは、他者の思考・感情への鋭敏繊細な感度であり、ひいては他者を自分と同等のものとみなす姿勢である。このようにして、あなたは考える主体、思考の生産者として世界の前に立つことになる。そこには、あなたに応答する無数の他者がおり、あなたと人びととの対話が、世界を意味あるものとして織りあげるのである。

次の【文章】と【和歌】を読んで、後の問いに答えなさい。

◆文 章◆

そもそも恋の歌はなぜ詠まれるのか。*題詠という場もあるが、やはり恋の歌の原点は、自らの恋心を恋しい人や世間の人に伝えたいという思いである。そうした思いがことばとなって紡ぎ出されるのが恋の歌である。しかし、恋心をストレートに伝えることには限界がある。そこで生み出されたのが修辞である。

例えば、序詞《じょことば》・掛詞《かけことば》を例にとってみよう。まずは、序詞から説明したい。

あしびきの*山鳥の尾のしだり尾のながながし夜をひとりかも寝む

山鳥の長く垂れ下がった尾のように、私は長い長い夜を一人ぼっちで寝るのであろうか。

（『百人一首』三番・柿本人麿《かきのもとのひとまろ》）

風をいたみ岩打つ波のおのれのみくだけて物を思ふころかな

風が激しいので、岩に打ち寄せる波が自分だけ砕け散るように、相手は平然としているのに、私だけが砕け散るような、恋の物思いをしていることよ。

（『百人一首』四八番・源《みなもとの》重之《しげゆき》）

*御垣守衛士《みかきもりゑじ》のたく火の夜は燃え昼は消えつつものをこそ思へ

宮中の門番をする衛士が焚《た》くかがり火が、夜は赤々と燃え、昼は消え入るように、私の心も夜は燃え、昼は消え入るようにして、日々恋の物思いをしていることよ。

（『百人一首』四九番・大中臣能宣朝臣《おほなかとみのよしのぶあそん》）

傍線部分が序詞である。こうしてみると、序詞にはある特徴がある。「あしびきの山鳥の尾のしだり尾の」（三番）、「風をいたみ岩打つ波の」（四八番）、「御垣守衛士のたく火の」（四九番）は、全て景物描写であるということである。逆に、序詞以外の部分「ながながし夜をひとりかも寝む」「おのれのみくだけて物を思ふころかな」「夜は燃え昼は消えつつものをこそ思へ」は心情描写に相当する。

では、序詞と非序詞（序詞以外の部分を仮にこう呼ぶ）は、どういう関係にあるのだろうか。三番の歌を例にとると、主意は、非序詞の「ながながし夜をひとりかも寝む」で尽きている。では、序詞の存在意義は何か。序詞の「あしびきの山鳥の尾のしだり尾の」は、夜になると一人寝する習慣を持つ山鳥の長い尾羽を描写した部分である。この尾羽は、一人ぼっちで過ごす夜の時間の長さを象徴している。つまり、目に見えない時間の長さを、山鳥の尾羽の長さで視覚化してみせているのだ。四八番の歌も、打ち寄せる波は粉々に砕け散っているのに、岩は平然として何も変わらないという風景を描写したうえで、私がこんなに求愛しているのに相手は心を動かしてくれないという苦悩へと転じてゆく。岩は冷たい恋人で、砕ける波は私の恋心である。四九番の序詞「御垣守衛士のたく火の」は、夜に燃え上がるかがり火の風景である。そして、この炎と同じように、私の恋心も逢えない昼間は消え入るばかりとなり、夜になるとまた一気に燃え上がるという。京都の夜の闇を赤々と照らす焚き火が、燃え上がる恋の情念の象徴として描かれているのだ。こうしてみると、漆黒の闇を照らす炎が、なんと官能的に思えてくることか。

このように、序詞と非序詞は、積み木のように縦に並んだ構造を持っている。そして、序詞は景物、非序詞は心情表現を担い、両者はコインの表裏のように、別物に見えて実は同じことを言っているのである。序詞はアクセサリー的存在に思えるが、口ずさんでいるうちに、むしろ序詞のほうが記憶に残り、強い印象をもって迫ってくる。

次に、掛詞についても説明しよう。掛詞とは、同音異義語の組み合わせで、その組み合わせは、「心（人間・人事）」と「物（自然・景物）」のセットが基本である。序詞と同じ理念から発生しているが、掛詞は、景物と心情が横に並ぶ構造を有している。

わびぬれば今はたおなじ難波《なには》なるみをつくしても逢はむとぞ思ふ
（『百人一首』二〇番・元良親王《もとよししんのう》）

これほどつらい思いをしているのなら、今はもはや破滅したも同然です。難波にある澪標《みおつくし》*のように、この身を破滅させても、あなたに逢いたいと思う。

「みをつくし」の語が、景物の「澪標」と心情の「身を尽くし」の掛詞となっている。沖の洲に立てられたみちしるべ「澪標」と、「身を尽くし」は、同音のつながりであって、意味の上では関係がないはず。しかし、次の歌の「澪標」などは、寝床にあふれる涙に埋もれる自分の比喩として用いられている。

君恋ふる涙の床に満ちぬればみをつくしとぞ我はなりぬる
（『古今和歌集』恋二・五六七・藤原興風《ふじはらのおきかぜ》）

海の水や波が涙を連想させるならば、その中に立つ澪標が、恋する自分の比喩となるのも、自然の発想だろう。
時代が下ると、「みをつくし」を用いた掛詞も、複雑になってゆく。

＊難波《なには》江《え》の蘆《あし》のかりねのひとよゆゑみをつくしてや恋ひわたるべき

難波江に群生している蘆の刈り根の一節のように、たった一晩かりそめの共寝をしたせいで、あの澪標のように、命をかけて恋し続けなくてはいけないのでしょうか。

（『百人一首』八八番・皇嘉門院別当《こうかもんいんべっとう》）

「旅宿に逢ふ恋」という題の本意《ほい》（事物の理想的な姿）は、旅先で一夜を共にし、かりそめのはかない縁だとわかっていても、恋をしてしまうという切ない思いである。いわば、行きずりの恋である。その極端なかたちは、遊女の恋であろう。難波江は、＊江口・神崎という遊女の宿を想起させる地名でもある。

「難波江の蘆の」は、「かりね」を導く序詞。「かりね」は「（蘆の）刈り根」と「仮り寝（かりそめの共寝）」の掛詞、「ひとよ」は「一節」と「一夜」の掛詞。「刈り根の一節」と「仮り寝の一夜」が同音で結びつけられ、さらに難波江の「みをつくし」へとつながっていく。「みをつくし」は、先の元良親王の歌同様、「澪標」と「身を尽くし」の掛詞。難波江という、旅先のイメージを色濃く持った土地を舞台にし、水辺の風景と泣き濡れる女の姿をからめながら、見事に行きずりの恋の情念を詠みきった歌である。

＊鈴木《すずき》日出男《ひでお》氏は、こうした掛詞などに見られる景物（自然）と心情（人間）の組み合わせを「①心物対応構造」と名づけた。心は目に見えないが、かたちにすることによって、はじめて他人と共有できる。心は共有しうるもの、いや共有すべきものという確固たる思いが、人をして和歌を詠む行為に駆り立て、序詞・掛詞といった多くの修辞法が誕生したのである。

（谷《たに》　知子《ともこ》「恋の歌の力」　笠間書院『松尾《まつお》葦江《あしえ》編　ともに読む古典　中世文学編』所収）

＊題詠……与えられた題目に即して歌を詠むこと。
＊山鳥……キジ科の鳥。主に本州・四国・九州の森林に生息する。雄は尾が長いことで知られる。
＊御垣守衛士……宮中の門を警護する役職。
＊澪標……安全な航路を示すための海上標識。
＊難波江……難波（現在の大阪市）一帯の海の古い呼称。
＊江口・神崎……江口は、大阪府の淀川下流に位置した宿駅。神崎は、平安時代から鎌倉時代にかけて大阪湾・淀川水系の河川交通の要として栄えた港町。
＊鈴木日出男……一九三八―二〇一三年。国文学者。『源氏物語』に造詣が深く、物語と和歌の双方から古代文学の本質に迫った。

◆和　歌◆

A　起きもせず寝もせで夜を明かしては春のものとてながめ暮らしつ（『古今和歌集』在原業平《ありはらのなりひら》）

B　多摩川にさらす手作りさらさらになにそこの児《こ》のここだかなしき（『万葉集』東歌《あずまうた》）

C　夏の野の繁みに咲ける姫百合の知らえぬ②恋は苦しきものそ（『万葉集』大伴坂上郎女《おおとものさかのうへのいらつめ》）

問一　傍線部①をふまえて、【和歌】Aの掛詞について六〇字以内で説明しなさい（句読点を含む）。（20点）

問二　【和歌】Cの歌の傍線部②の「ぬ」と文法的な意味が異なるものを次から一つ選び、記号で答えなさい。（10点）

ア　わたの原八十島《やそしま》かけて漕《こ》ぎ出でぬと人には告げよ海人の釣り舟

イ　むらさめの露もまだ干ぬ真木の葉に霧立ちのぼる秋の夕暮れ

ウ　露はらふ寝覚めは秋の昔にて見はてぬ夢に残る面影

エ　人住まぬ不破《ふは》の関屋の板廂《いたびさし》荒れにしのちはただ秋の風

問三　次の【対話】は、【文章】を読んだ後で、【和歌】B・Cについて生徒同士が話し合ったものである。【対話】を読んで、後の問いに答えなさい。

◆対　話◆

カズオ　そもそも昔の人は、なぜ和歌で恋心を伝えたんだろう。

サチコ　確かにそうだよね。直接会って自分の言葉で伝えればよいと思うけど。

ハナコ　現代では直接会って告白することが容易にできるけれど、当時はそう簡単には相手に会えなかったから和歌を贈っていたと聞いたよ。

チヨコ　私はプロポーズも和歌だったと聞いたことがあるよ。和歌をしたためる紙にも、染めた和紙を使ったり、香りづけしていたり、花を添えたりと女性の気を引くためのさまざまな工夫が凝らされていたんだって。

サチコ　ただでさえ自分の想いを歌にのせて紡ぎ出すのは難しそうなのに、そんな素敵な心遣いまで。

キヨシ　直接会えないからこそ、和歌という短いことばに想いを託す必要があったんだね。

カズオ　好きな人に向かって「好きだ。」とストレートに告白できる時代であっても、誰もがそんなふうに恋心を伝えられるわけじゃない。

チヨコ　ⓐ恋心を伝える手段として序詞や掛詞が誕生した背景には、「心は共有しうるもの、いや共有すべきものという確固たる思い」があったと書いてあるね。

サチコ　私は自分の気持ちを相手に伝えることが苦手だから、**【文章】**の「心は目に見えないが、かたちにすることによって、はじめて他人と共有できる。」という一文が胸に響いたよ。

キヨシ　みんな同じ表現手段で自分の想いをかたちにできるわけじゃないよね。自分なりの表現で想いを伝えるということが大事なんだと思う。

カズオ　「あしびきの山鳥の尾のしだり尾の……」の歌は、「一人ぼっちで過ごす夜の時間の長さ」を「山鳥の尾羽の長さ」という景物描写によって視覚化したと書いてあったね。

チヨコ　山鳥は夜になると雄と雌が峰を隔てて別々に寝るんだって。目に見えないひとり寝の寂しさや孤独を、ひとり寝を象徴する山鳥の尻尾という形で表しているんだね。

ハナコ　ⓑBの歌は、「多摩川にさらす手作り」が序詞だね。

キヨシ　「なにそこの児のここだかなしき」には、［　W　］に対する［　X　］という気持ちが込められているね。

チヨコ　「さらさらに」の語にはどんな意味がこめられているのかな。

ハナコ　一つは「手作り」のさらさらした手触りだと思う。

チヨコ　そうだね。ⓒさらさら流れる川の音もイメージさせる言葉だよね。

カズオ　同音反復になっている点も面白いよね。

キヨシ　「さらさらに」には、「さらにさらに」や「ますます」という意味もあるようだよ。

サチコ　そうすると、「さらさらに」という語は川音や「手作り」のすれる音を連想させながら、さらにさらに［　X　］という心情描写につながっているといえるね。

チヨコ　序詞は、「あしびきの……」の歌のように、後半の心情描写に比喩的に繋がる序詞と、Bの歌のように同音反復などの語音によって繋がる序詞がある、と以前に先生が言っていたよね。

カズオ　でも、サチコさんの意見を聞くと、Bの歌では「さらさらに」という語が前半の景物時描写を後半の心情描写へと渡していく役割も果たしているから、Bの歌は同音反復の序詞と比喩の序詞が重ねて用いられていると考えたほうがよさそうだね。

サチコ　ⓓCの歌は同語反復の序詞かな。

キヨシ　Cの歌も［　Y　］という序詞で目には見えない恋心をかたちにしているよね。

カズオ　この人はたぶん相手に自分の気持ちを伝えられていないよね。

ハナコ　その一方で、恋に苦しめられている自分の想いを誰かと分かち合いたいという想いもあったと思う。

［　Z　］。

(1)　傍線部ⓐ～ⓓの発言のうち、適当でないものを選び、記号で答えなさい。（5点）

(2)　空欄W・Xに当てはまる発言の組み合わせとして最も適当なものを次から一つ選び、記号で答えなさい。（5点）

ア　W＝子　X＝心苦しいくらいに悲しい
イ　W＝川　X＝清々しいくらいに心地よい
ウ　W＝娘　X＝せつないくらいに愛しい
エ　W＝父　X＝狂おしいほど憎らしい

(3)　空欄Yに当てはまる最も適当な語句を、**【和歌】**Cから抜き出しなさい。（5点）

(4)　空欄部Zには、**【文章】**をふまえた発言が入る。その内容として最も適当なものを次から一つ選び、記号で答えなさい。（5点）

ア　自分を分かってもらいたいという自己顕示欲のようなものが、当時の人々にもあったんだね。
イ　自分の抱えている苦しみを他人に理解してもらうことが、和歌を詠む目的の一つだったんだね。
ウ　自分の心を今のようにストレートに相手に伝えられればそれに越したことはないと思うな。
エ　自分の心を誰かと共有したいという思いが、和歌を詠む行為に駆り立てたんじゃないかな。

古文 ② 大江山　『十訓抄』（『国語総合　改訂版』『精選国語総合　改訂版』）

／50

次の【文章1】と【文章2】は、平安時代の歌人・和泉式部《いづみしきぶ》と、その娘の小式部内侍《こしきぶのないし》について語られた逸話である。また、【文章3】は、同じく平安時代の歌人・紀貫之《きのつらゆき》が『古今和歌集』に付した序文の一節である。これらの文章を読んで、後の問いに答えなさい。

◆文章1◆

和泉式部、*保昌《やすまさ》が妻《め》にて、丹後に下りけるほどに、京に歌合《うたあはせ》ありけるに、小式部内侍、歌よみにとられて、よみけるを、*定頼《さだより》中納言たはぶれて、小式部内侍ありけるに、「*丹後へ遣はしける人は参りたりや。①いかに心もとなくおぼすらむ。」と言ひて、ⓐ局の前を過ぎられけるを、ⓑ御簾よりなからばかり出でて、わづかにⓒ直衣の袖をひかへて、

X　*大江山いくのの道の遠ければまだふみも見ず天の橋立《はしだて》

とよみかけけり。思はずに、あさましくて「②こはいかに。かかるやうやはある。」とばかり言ひて、返歌にも及ばず、袖を引き放ちて、逃げられけり。

小式部、これより歌よみの世におぼえ出《い》で来にけり。

（『十訓抄』）

*保昌……藤原保昌、九五八―一〇三六年。丹後や大和・山城などの国司を務めた。
*丹後……京都府北部の古い国名。
*定頼中納言……藤原定頼、九九五―一〇四五年。歌人。
*大江山……京都市西部にある山。丹後への道があった。

◆文章2◆

小式部内侍、この世ならずわづらひけり。③限りになりて、人の顔なども見知らぬほどになりて、臥《ふ》したりければ、和泉式部かたはらに添ひゐて、額をおさへて泣きけるに、目をはつかに見上げて、母が顔をつくづくと見て、④息のしたに、

Y　いかにせむいくべき方も思ほえず親に先立つ道を知らねば

と、弱り果てたる声にて言ひければ、天井の上に、あくびさしてやあらんとおぼゆる声にて、⑤「あら、あはれ。」と言ひてけり。さて、身のあたたかさも冷めて、よろしくなりてけり。

（『古今著聞集』）

◆文章3◆

やまとうたは、人の心を種として、万《よろづ》の言の葉とぞなれりける。世の中にある人、ことわざ繁《しげ》きものなれば、心に思ふことを、見るもの聞くものにつけて、言ひ出だせるなり。花に鳴く鶯《うぐひす》、水に住む蛙《かはづ》の声を聞けば、生きとし生けるもの、いづれか歌をよまざりける。力をも入れずして天地《あめつち》を動かし、目に見えぬ鬼神《おにがみ》をもあはれと思はせ、男女の中をもやはらげ、たけき武士《もののふ》の心をも慰むるは歌なり。

（紀貫之「古今和歌集仮名序」）

問一 傍線部ⓐ～ⓒの漢字の読み方を、現代仮名遣いで書きなさい。（6点／各2点）

ⓐ	
ⓑ	
ⓒ	

問二 傍線部①とあるが、なぜ定頼中納言は小式部内侍が「心もとない」思いだろうと予想したのか、簡潔に説明しなさい。（5点）

問三 傍線部③「限りになりて」、④「息のしたに」の意味をそれぞれ書きなさい。（6点／各3点）

③	
④	

問四 X・Yの歌には掛詞が詠まれている。それぞれの歌の掛詞をすべて見つけ、どの語とどの語が掛けられているか、わかるように書きな

さい。（10点／各5点）

X	
Y	

問五 【文章２】には、和泉式部親子のほかに誰が登場していると考えられるか。最も適当なものを次から一つ選び、記号で答えなさい。（3点）

ア 父親（保昌）
イ 小式部内侍の姉
ウ 和泉式部に仕える人
エ 神仏

問六 傍線部②「こはいかに。かかるやうやはある。」と、傍線部⑤「あら、あはれ。」は感動表現である。それぞれ、誰がどのようなことに感動しているのか、具体的に述べなさい。（10点／各5点）

②	
⑤	

問七 【文章３】は、和歌が持っている力について論じているものだが、【文章１】【文章２】において表れている「和歌の持つ力」とはどのようなものか。その力の表れを示した箇所を【文章１】【文章２】からそれぞれ具体的に引用しつつ、一八〇字以上、二〇〇字以内で説明しなさい（句読点を含む）。（10点）

160	150	140	130	120	110	100	90	80	70	60	50	40	30	20	10

200	190	180	170

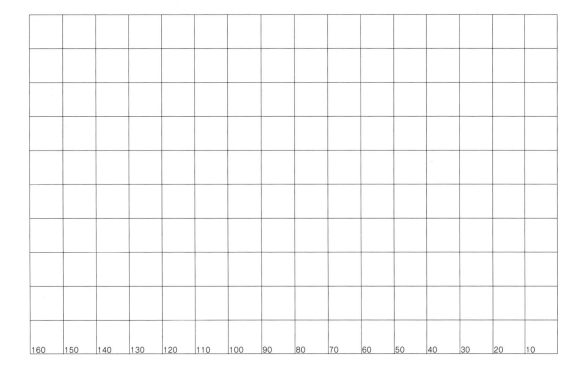

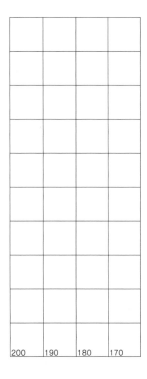

古文 ③ 深草の里

鴨長明《かものちゃうめい》『無名抄』（『古典B 改訂版』）

/50

次の【文章1】と【文章2】は、いずれも鴨長明の『無名抄』からの引用である。これらの文章を読んで、後の問いに答えなさい。

◆文章1◆

*俊恵《しゅんゑ》いはく、「*五条三位《さんみ》入道のもとにⓐまうでたりしついでに、『御詠の中には、いづれをか優れたりと思《おぼ》す。①よその人、やうやうに定めはべれど、それをば用ゐはべるべからず。まさしく承らむと思ふ。』と聞こえしかば、

『夕されば野辺の秋風身にしみて鶉《うづら》鳴くなり深草の里

これをなむ、身にとりては、おもて歌と思ひたまふる。』と言はれしを、俊恵またいはく、『世にあまねく人の申しはべるは、

②面影に花の姿を先立てて幾重越え来ぬ峰の白雲

これを優れたるやうに申しはべるはいかに。』と聞こゆれば、『いさ、よそには、さもや定めはべるらむ。③知りたまへず。なほみづからは、先の歌には言ひくらぶべからず。』とぞはべりし。」と語りて、これをうちうちに申ししは、「かの歌は、『身にしみて』といふ腰の句のいみじう無念におぼゆるなり。これほどになりぬる歌は、景気を言ひながして、ただそらに身にしみけむかしと思はせたるこそ④心にくくも優にもはべれ。いみじう言ひもて行きて、歌の詮とすべきふしをさはと言ひあらはしたれば、むげにこと浅くなりぬる。」とて、その次に、「わが歌の中には、

み吉野の山かき曇り雪降ればふもとの里はうちしぐれつつ

これをなむ、⑤かのたぐひにせむと思うたまふる。もし世の末に、おぼつかなく言ふ人もあらば、『かくこそ言ひしか。』とⓑ語りたまへ。」とぞ。

＊俊恵……平安末期の歌人。東大寺の僧で、当時の歌壇の中心人物の一人。長明の歌の師でもあった。
＊五条三位入道……藤原俊成《ふじわらのとしなり》、一一一四―一二〇四年。余情幽玄の歌風を確立した、先駆的な歌人。五条京極に屋敷があり、正三位皇后大夫であったのでこう呼ばれた。

◆文章2◆

静縁＊法師、みづからが歌を語りていはく、

⑥「鹿の音を聞くにわれさへ泣かれぬる谷の庵は住み憂かりけり」

とこそつかうまつりてはべれ。これいかがはべる」といふ。

予＊がいはく、「よろしくはべり。ただし、『泣かれぬる』といふ詞こそ、あまりこけ過ぎて、いかにぞや聞こえはべれ。」といふを、静縁法師いはく、「その詞をこそ、この歌の詮とはⓒ思ひたまふるに、この難はことのほかにおぼえはべり。」とて、いみじう悪《わろ》く難ずと思ひげにて去りぬ。

よしなくおぼゆるままにものをいひて、心すべかりけることをと、⑦くやしく思ふほどに、十日ばかりありて、また来たりていふやう、「一日の歌難じたまひしを、隠れごとなし、心得ず思ひたまへて、⑧いぶかしくおぼえはべりしままに、さはいへども、大夫公＊のもとに行きてこそ、我がひがごとを思ふか、人の悪《あ》しく難じたまふか、ことをば切らめと思ひて、行きて語りはべりしかど、『なでふ御坊《ごぼう》のかかるこけ歌詠まるるぞとよ。「泣かれぬる」とは何事ぞ。まさなの心根や。』となむ、はしたなめられてⓓはべりし。されば、よく難じたまひけり。われ悪しく心得たりけるぞと、おこたり申しにまうでたるなり。」といひて帰りはべりにき。⑨心の清さこそありがたくはべれ。

＊静縁法師……比叡山阿闍梨《ひえいざんあじゃり》。未詳。阿闍梨とは、周囲の見本となるべき徳を積んだ僧のこと。
＊予……筆者（鴨長明）のこと。
＊大夫公……俊恵のこと。

問一 傍線部ⓐ～ⓓの敬語は、それぞれ誰に対する敬意を示しているか。その組み合わせとして正しいものを次の中から一つ選び、記号で答えなさい。（3点）

ア　ⓐ俊恵　ⓑ俊恵　ⓒ鴨長明　ⓓ鴨長明

イ　ⓐ俊恵　ⓑ鴨長明　ⓒ静縁　ⓓ俊恵
ウ　ⓐ鴨長明　ⓑ俊恵　ⓒ静縁　ⓓ静縁
エ　ⓐ五条三位入道　ⓑ鴨長明　ⓒ鴨長明　ⓓ鴨長明
オ　ⓐ五条三位入道　ⓑ鴨長明　ⓒ静縁　ⓓ俊恵

問二　傍線部①の理由として最も適当なものを次から一つ選び、記号で答えなさい。（3点）
ア　俊恵は五条三位入道の歌に対する世間の考え方に共感していなかったから。
イ　第三者の意見ではなく、五条三位入道自身の考えを聞きたかったから。
ウ　五条三位入道のことは自分が一番理解していると自信を持っていたから。
エ　五条三位入道には良い歌が多く、俊恵は全く選ぶことができなかったから。
オ　後世、五条三位入道の優れた歌がわからなくなったら困ると考えたから。

問三　傍線部③④⑧の解釈として最も適当なものを次から一つずつ選び、記号で答えなさい。（9点／各3点）

③知りたまへず
ア　ご存じではない
イ　お知りになりません
ウ　存じません
エ　知り申し上げない
オ　知りなさらない

④心にくくも優にもはべれ
ア　不審にも感じますが上品でありましょう
イ　奥ゆかしくも優美でもございます
ウ　悔しいけれども優れています
エ　心配りも優れていらっしゃいます
オ　不快だけれども立派になりなされ

⑧いぶかしくおぼえはべりしままに
ア　不思議だと感じますので
イ　よく知りたいと思ったので
ウ　気が晴れないままお仕えするので
エ　不審に感じましたので
オ　誇らしげに思いましたので

③	④	⑧

問四　傍線部②の歌の説明として適当でないものを、次から一つ選び、記号で答えなさい。（3点）
ア　縁語・掛詞は用いられていない。

イ　体言止めが用いられている。
ウ　「ぬ」は完了の助動詞の終止形である。
エ　桜と見まがうような峰にたなびく白雲を詠んだ歌である。
オ　桜を見に行けないほどの峰の険しさを詠んだ歌である。

問五　傍線部⑤と同じ意味で用いられている言葉を、本文中から四字で抜き出しなさい。（4点）

問六　【文章1】で五条三位入道が最終的に自身の代表的な歌と考えているのはどの歌か。その歌の始めの三字を抜き出しなさい。（4点）

問七　傍線部⑥の歌の説明として適当でないものを、次から一つ選び、記号で答えなさい。（3点）
ア　副助詞「さへ」は「までも」と訳す。
イ　「けり」は詠嘆の意味である。
ウ　助動詞が四つ用いられている。
エ　「鹿の音」とは鳴き声のことである。
オ　接続助詞の「に」が一度用いられている。

問八　傍線部⑦の内容として最も適当なものを次から一つ選び、記号で答えなさい。（3点）
ア　自分の意見を静縁が理解しないことについて腹を立てている。
イ　静縁の気持ちに配慮せずに歌を批判したことを後悔している。
ウ　仲の悪い静縁に対して不当な意見を述べたことを反省している。
エ　自分の述べた意見の正しさについて確信を持てないでいる。
オ　静縁からどのような報復を受けるのか不安に思っている。

問九　傍線部⑨は、誰のどのような行為に対する賞賛か。その説明として最も適当なものを次から一つ選び、記号で答えなさい。（3点）
ア　静縁の、自分の信念に基づいて表現の正しさを素直に主張した行為。
イ　静縁の、自分と長明の対立について第三者に判定させた行為。
ウ　静縁の、長明の意見のほうが正しかったことを潔く認めた行為。
エ　俊恵の、和歌の表現の巧拙に関して冷静で公平な判定を下した行為。
オ　俊恵の、相手の地位に遠慮することなく自分の意見を堂々と述べた行為。

□

問一〇 次に掲げるのは、【文章2】の歌に関して、生徒たちと先生が授業中に交わした対話である。文中の空欄W～Zに入る語の組み合わせとして最も適当なものを後から一つ選び、記号で答えなさい。（5点）

先生（以下同）『百人一首』にも鹿の鳴き声を詠み込んでいる歌があります。ちなみに『百人一首』を編纂《へんさん》したのは、【文章1】に出てくる五条三位入道の息子で、八番目の勅撰和歌集『新古今和歌集』の撰者の一人、［ W ］です。

タカコ 五条三位入道も七番目の勅撰和歌集の［ X ］の撰者ですよね。

先生 その通りです。それでは『百人一首』の中から該当する歌を探してみましょう。

タカコ ありました、「奥山に紅葉踏み分け鳴く鹿の声聞く時ぞ秋は悲しき」ですね。

ヒロシ 【文章2】の歌も、『百人一首』の歌も、どうして鹿の鳴き声を聞いて悲しくなっているのだろう。

先生 これは、雄の鹿が雌の鹿を求める鳴き声のことです。恋しい相手を思う鹿の鳴き声は、自らの［ Y ］と響き合っていくのですね。

ツカサ 先生、これら二つの歌の関係は、すでにある歌の情景などを踏まえた歌を詠む［ Z ］のように見えますね。

先生 鹿の鳴き声が昔の人にどのように捉えられていたのかがわかる、今回の歌の参考歌とは言えるでしょう。

ノゾミ 他にも鹿の声を詠んだ和歌を調べてみたいな。

ア　W…藤原俊成　X…古今和歌集　Y…悲恋　Z…本歌取り
イ　W…藤原俊成　X…詞花和歌集　Y…孤独　Z…見立て
ウ　W…藤原公任　X…詞花和歌集　Y…情愛　Z…歌枕
エ　W…藤原定家　X…千載和歌集　Y…孤独　Z…本歌取り
オ　W…藤原定家　X…千載和歌集　Y…情愛　Z…見立て

□

問一一【文章1】【文章2】の登場人物についての説明として最も適当なものを、次から一つ選び、記号で答えなさい。（5点）

ア【文章1】の五条三位入道は、俊恵の意見を聞いて、迷っていたが最終的に自分の意見を変えた。

イ【文章1】の俊恵は、五条三位入道と話した後に、自分の考える五条三位入道の優れた歌を鴨長明に伝えた。

ウ【文章1】の「よその人」は、「面影に」の歌の添削を五条三位入道にしてほしいと強く思っていた。

エ【文章2】の静縁は、自分の作った歌の特に「泣かれぬる」の部分に自信を持っていて、鴨長明に披露した。

オ【文章2】の鴨長明は、静縁の歌に感じたことを述べて、もともと仲がよくなかった静縁とけんか別れした。

問一二【文章1】【文章2】からわかる、俊恵や長明にとっての理想的な歌とは何か。「主観的」という語を用いて、「……ような歌。」に続く形で、三〇字以上、四〇字以内で説明しなさい（句読点を含む）。（5点）

古文 ④ 忠度《ただのり》の都落ち／能登《のと》殿の最期

『平家物語』（『古典B 改訂版』）

／50

次の【文章1】と【文章2】を読んで、後の問いに答えなさい。

◆文章1◆

*薩摩守《さつまのかみ》のたまひけるは、「Ⅰ年ごろ申し承つてのち、おろかならぬ御ことに思ひまゐらせⒶ候へども、この二、三年は、京都の騒ぎ、国々の乱れ、しかしながら当家の身の上のことに候ふ間、疎略《そらく》を存ぜずといへども、常に参り寄ることもⒷ候はず。君すでに都を出《い》でさせたまひぬ。一門の運命はや尽き候ひぬ。撰集《せんじふ》のあるべきよし承り候ひしかば、生涯の面目に、一首なりとも御恩をかうぶらうど存じて候ひしに、Ⅱやがて世の乱れ出で来て、その沙汰《さた》なくⒸ候ふ条、ただ一身の嘆きと存じ候ふ。世静まり候ひなば、勅撰の御沙汰Ⓓ候はんずらん。これに候ふ巻き物のうちに、Ⅲさりぬべきもの候はⒺば、一首なりとも御恩をかうぶつて、①草の陰にてもうれしと存じ候はば、遠き御守りでこそ候はんずれ。」とて、日ごろよみ置かれたる歌どもの中に、秀歌とおぼしきを百余首書き集められたる巻き物を、今はとてうつ立たれける時、これを取つて持たれたりしが、鎧《よろひ》の引き合はせより取り出でて、*俊成卿《しゆんぜいのきやう》に奉る。

三位《さんみ》、これを開けて見て、「かかる忘れ形見をたまはり置き候ひぬるうへは、ゆめゆめ疎略を存ずまじう候ふ。御疑ひあるべからず。さてもただ今の御渡りこそ、情けもすぐれて深う、②あはれもことに思ひ知られて、感涙おさへがたう候へ。」とのたまへば、薩摩守喜びて、「③今は西海の波の底に沈まば沈め、山野にかばねをさらさばさらせ、うき世に思ひ置くこと候はず。さらばいとま申して。」とて、馬にうち乗り甲《かぶと》の緒を締め、西をさいてぞ歩ませたまふ。三位、後ろをはるかに見送つて立たれたれば、忠度の声とおぼしくて、「前途《せんど》ほど遠し、思ひを雁《がん》山《ざん》の夕べの雲に馳《は》す。」と、高らかに口ずさみたまへば、俊成卿Ⅳいとど名残惜しうおぼえて、涙をおさへてぞ入りたまふ。

（「忠度の都落ち」『平家物語』）

*薩摩守……平忠度、一一四四―八四年。清盛《きよもり》の弟。

*俊成卿……九五ページの注「五条三位入道」を参照。

◆文章2◆

およそ*能登《のとの》守教経《かみのりつね》の矢先にまはる者こそなかりけれ。矢だねのあるほど射尽くして、今日を最後とや思はれけん、赤地の錦の直垂《ひたたれ》に、唐綾《からあや》威《おどし》の鎧着て、厳物《いかもの》づくりの大太刀抜き、白柄《しらえ》の大長刀《おほなぎなた》の鞘《さや》をはづし、左右に持つてなぎまはりたまふに、面《おもて》を合はする者ぞなき。多くの者ども討たれにけり。*新中納言、使者をたてて、「能登殿、いたう罪な作りたまひそ。④さりとて、よき敵か。」とのたまひければ、「さては、大将軍に組めごさんなれ。」と心得て、打ち物茎短《くきみじか》に取つて、源氏の船に乗り移り乗り移り、をめき叫んで攻め戦ふ。*判官《ほうぐわん》を見知りたまはねば、物の具のよき武者をば判官かと目をかけて、馳《は》せまはる。判官もさきに心得て、⑤面に立つやうにはしけれども、とかく違ひて能登殿には組まれず。されども、いかがしたりけん、判官の船に乗りあたつて、あはやと目をかけて飛んでかかるに、判官かなはじとや思はれけん、長刀わきにかいはさみ、味方の船の二丈ばかり退《の》いたりけるに、ゆらりと飛び乗りたまひぬ。能登殿は、早業や劣られたりけん、やがて続いても飛びたまはず。今はかうと思はれければ、太刀・長刀海へ投げ入れ、甲も脱いで捨てられけり。鎧の草摺《くさずり》かなぐり捨て、胴ばかり着て、大童《おほわらは》になり、大手を広げて立たれたり。およそあたりをはらつてぞ見えたりける。恐ろしなんどもおろかなり。能登殿大音声《だいおんじやう》を上げて、「われと思はん者どもは、寄つて教経に組んで生け捕りにせよ。鎌倉へ下つて、*頼朝《よりとも》に会うて、ものひとことば言はんと思ふぞ。寄れや寄れ。」とのたまへども、寄る者一人もなかりけり。

（「能登殿の最期」『平家物語』）

*能登守教経……平教経、一一六〇―八五年。教盛《のりもり》の子。清盛の甥《おい》。
*新中納言……平知盛《とももり》、一一五二―八五年。清盛の子。清盛亡き後の平家一門の実質上の総大将。
*判官……源義経《みなもとのよしつね》、一一五九―八九年。頼朝の弟。「判官」は、四等官制の尉《じょう》と同じ。義経が左衛門府《さえもんふ》の尉で検非違使《けびいし》尉を兼ねたことによる通称。
*頼朝……源頼朝、一一四七―九九年。義経の兄。源氏の総大将。

問一 波線部Ⓐ～Ⓔの「候ふ」について、本動詞と補助動詞に分類するとどうなるか。次から最も適当なものを一つ選び、記号で答えなさい。（3点）

ア 本動詞…ⒶⒷⒹ　補助動詞…ⒸⒺ
イ 本動詞…ⒷⒹⒺ　補助動詞…ⒶⒸ
ウ 本動詞…ⒷⒺ　補助動詞…ⒶⒸⒹ
エ 本動詞…ⒷⒸⒹⒺ　補助動詞…Ⓐ
オ 本動詞…ⒶⒷⒸⒹ　補助動詞…Ⓔ

問二 二重傍線部Ⅰ～Ⅳの意味として最も適当なものを次から一つずつ選び、記号で答えなさい。（12点／各3点）

Ⅰ 年ごろ
ア 昨年　イ かつて　ウ 最近　エ 常日頃
オ 長年

Ⅱ やがて
ア すぐに　イ たまたま　ウ 次第に　エ そのうち
オ 予期せず

Ⅲ さりぬべき
ア さりげない　イ ふさわしい　ウ 除外すべき
エ 悪くない　オ すばらしい

Ⅳ いとど

ア いっそう　イ そのまま　ウ たいそう　エ 急に

オ 次第に

Ⅰ		Ⅱ		Ⅲ		Ⅳ	

問三 傍線部①について、「草の陰」とは「あの世」の意味だが、忠度が俊成に対して自身の死後に礼をしたいと言うのはなぜか。その理由を四〇字以内で説明しなさい（句読点を含む）。（5点）

問四 傍線部②について、「あはれ」の内容とはどのようなものか。次から最も適当なものを一つ選び、記号で答えなさい。（3点）

ア 落人の忠度に対する深い憐愍の情

イ 人生の無常についての感慨と諦め

ウ 歌道への執心と俊成に対する遠慮

エ 忠度と俊成の別離に対する悲しみ

オ 平家に生まれたことへの深い悔悟

問五 傍線部③について、この詩句を朗詠した時の忠度の内面に関する説明として最も適当なものを次から一つ選び、記号で答えなさい。（3点）

ア 自分が生きてきた証が俊成卿の気遣いによって辛うじて残されることに安堵しつつも、平家を都から追いやった源氏に対して一矢報いようと決心している。

イ 長年心に抱いていた希望が俊成卿の細やかな配慮によって実現する運びとなり、現世に対する執着から解放されるとともに、来世での幸福を確信している。

ウ 長年希求していたものが俊成卿の助力でようやく実現できることに喜びつつも、それを見届けることができそうもない自身の運命に対し悲観的になっている。

エ 自身にとって唯一の心残りが俊成卿の理解を得て実現する見通しが立ち、安堵と解放感の中、武人としての本分を潔く全うしようという覚悟を決めている。

オ 人生最大の望みが実現される見通しを得たものの、平家滅亡が目前に迫っている運命を思うと素直に喜べない自身に対し、必死に納得させようとしている。

問六 傍線部④について、次の（a）（b）の問いに答えなさい。（6点／各3点）

（a）「罪な作りたまひそ。」を現代語訳しなさい。ただし「罪」はそのままでよい。

（b）「さりとて、よき敵か」の発言の真意として適当でないものを次からすべて選び、記号で答えなさい。

ア 敵の大将義経を討ち取れ。

イ 無益な殺生はもうやめよ。

ウ 自害するような真似はするな。

エ 一刻も早くこの場から離れろ。

オ 相手をよく見定めてから戦え。

a	b

問七 傍線部⑤について、圧倒的な武力を誇る教経に対して、判官はなぜ「面に立つやうにはし」たのか。それについて説明した次の文章の空欄に、「戦いに臨む意気込み」という意味の漢字二字の熟語を書きなさい。（3点）

源氏の総大将として全軍の［　　］を考慮し、教経に対して自ら立ち向かっていく姿勢を示そうとしたから。

［　　］

問八 【文章1】と【文章2】について、次のように解説した。空欄X・Y・Zに当てはまる適当な表現を、それぞれ一五字以内で書きなさい。（15点／各5点）

【文章1】では、一旦都落ちしながらも危険を冒して都に戻り、師である俊成に婉曲かつ必死の依頼を行う忠度の姿が描かれている。忠度にとって［　X　］ことこそが最大の願いなのだ。

他方、【文章2】では、合戦の勝敗は決しつつも孤軍奮闘する平教経の姿が描かれるが、教経の「さては、大将軍に組めごさんなれ。」という知盛への返答からは、［　Y　］という武士のあるべき姿に対する信念がうかがえる。

両者は、希求するものに違いはあるものの、ともに現世における自身の［　Z　］姿勢は共通であると言えよう。

X ［　　　　　　　　　　　　　　　］

Y ［　　　　　　　　　　　　　　　］

Z ［　　　　　　　　　　　　　　　］

古文 ⑤ 光源氏の誕生

『源氏物語』（『古典B　改訂版』）

／50

次の【文章1】は『源氏物語』「桐壺」巻、【文章2】は【文章1】の帝と後宮についての対談である。これらの文章を読んで、後の問いに答えなさい。

◆文章1◆

いづれの御時《おほんとき》にか、女御《にょうご》・更衣あまたさぶらひたまひける中に、いとやむごとなききはにはあらぬが、すぐれて時めきたまふありけり。初めよりわれはと思ひあがりたまへる御方々、めざましきものにおとしめ嫉《そね》みたまふ。同じほど、それより下臈《げらふ》の更衣たちは、ましてやすからず。朝夕の宮仕へにつけても、人の心をのみ動かし、恨みを負ふつもりにやありけむ、いとあつしくなりゆき、もの心細げに里がちなるを、いよいよ飽かずあはれなるものに思ほして、人のそしりをも①え憚らせたまはず、世のためしにもなりぬべき御もてなしなり。上達部《かんだちめ》・上人《うへびと》なども、あいなく目をそばめつつ、いとまばゆき人の御おぼえなり。唐土《もろこし》にも、かかる事の起こりにこそ、世も乱れ悪《あ》しかりけれと、やうやう天《あめ》の下にも、あぢきなう人のもてなやみぐさになりて、楊貴妃《やうきひ》のためしも引き出《い》でつべくなりゆくに、いとはしたなきこと多かれど、かたじけなき御心ばへのたぐひなきを頼みにてまじらひⓐたまふ。

父の大納言は亡くなりて、母北の方なむ、いにしへの人のよしあるにて、親うち具し、さしあたりて世のおぼえ華やかなる御方々にもいたう劣らず、何事の儀式をももてなしたまひけれど、とりたてて、はかばかしき後見《うしろみ》しなければ、事ある時は、なほ拠《よ》りどころなく心細げなり。前《さき》の世にも、御契りや深かりけむ、世になくきよらなる玉の男皇子《をのこみこ》さへ生まれたまひぬ。いつしかと心もとながらせたまひて、急ぎ参らせて御覧ずるに、めづらかなるちごの御容貌《かたち》なり。一の皇子は、右大臣の女御の御腹にて、よせ重く、疑ひなきまうけの君と、世にもてかしづききこゆれど、この②御にほひには並びたまふべくもあらざりければ、おほかたのやむごとなき御思ひにて、この君をば、私《わたくし》物《もの》に思ほしかしづきたまふこと限りなし。

初めよりおしなべての上宮仕へしたまふべききはにはあらざりき。おぼえいとやむごとなく、上衆《じやうず》めかしけれど、わりなくまつはさせたまふあまりに、さるべき御遊びのをりをり、何事にもゆゑあることのふしぶしには、まづⓑまう上らせたまふ、ある時には大殿籠もり過ぐして、やがてさぶらはせたまひなど、あながちに御前《おまへ》去らずもてなさせたまひしほどに、おのづから軽《かろ》き方《かた》にも見えしを、この皇子生まれたまひてのちは、いと心ことに思ほしおきてたれば、③坊にも、ようせずは、この皇子のゐたまふべきなめりと、一の皇子の女御はおぼし疑へり。人より先に参りたまひて、やむごとなき御思ひなべてならず、皇女《みこ》たちなどもおはしませば、この御方の御いさめをのみぞ、なほわづらはしう、心苦しう思ひⓒきこえⓓさせたまひける。

かしこき御かげをば頼みきこえながら、おとしめ、きずを求めたまふ人は多く、わが身はか弱くものはかなきありさまにて、なかなかなるもの思ひをぞしたまふ。

御局《みつぼね》は④桐壺なり。あまたの御方々を過ぎさせたまひて隙《ひま》なき御前《まへ》渡りに、人の御心を尽くしたまふもげにことわりと見えたり。参う上りたまふにも、あまりうちしきるをりをりは、打橋《うちはし》、渡殿《わたどの》のここかしこの道にあやしきわざをしつつ、御送り迎への人の衣《きぬ》の裾《すそ》たへがたくまさなきこともあり、また、ある時には、え避《さ》らぬ馬道《めだう》の戸を鎖《さ》しこめ、こなたかなた心を合はせてはしたなめわづらはせたまふ時も多かり。事にふれて、数知らず苦しきことのみまされば、いといたう思ひわびたるをいとどあはれと御覧じて、⑤後涼殿にもとよりさぶらひたまふ更衣の曹《ざう》司《し》をほかに移させたまひて、上局《うへつぼね》に賜《たま》はす。その恨みましてやらむ方なし。

◆文章2◆

*黒澤　たとえばね、代々の天皇のところに大勢の美しい后《きさき》たちが集まる、と。しかし、そんなにかっこいい天皇ばかりいるわけはないでしょう。ということは、一人一人の女御、更衣は、はっきり言えば、一家一門の浮沈を担った*エージェントという一面を持っているわけですよ。絢爛《けんらん》たる美女の花園は、権力をめぐってのたいへんな暗闘の場でもあるわけですから。

*竹内　［A］闘争があるんですね。

黒澤　それは暗黙の了解です。そこへ一人の女性、しかも*ダークホースが出てきた。「父の大納言は亡くなりて」とあるので、お父さんは亡くなっている、つまり、政界における力はありません。それなのに、この帝は男女の愛だけで動いてしまうから、問題になるんです。

竹内　でも、［A］的な影響力の話を抜きに、ただ単に、愛《め》でるためだけに女性をそばに置いておく、ということもあるのでは?

黒澤　天皇が后たちにかける愛というのが、また複雑なんですよ。愛情がないわけではないけれども、せめて［A］的配慮と二本立て。［A］のほうが上にくることも往々にしてあるんです。たとえば権力最高の大臣家から来た女御と、権力がほとんどない大納言家から来た更衣とでは、帝のほうでその扱いに差をつけなければならない。どうしても、大臣家のほうを大事にするべきなんです。どれだけ愛しているかとはまた別問題です。そういう配慮がいわば帝《みかど》の資質として要求されます。

竹内　ああ、心の中ではどうあれ、対外的にはそうしなければいけないんですね。

黒澤　そうなんです。帝は「公《おほやけ》」そのものであって、「［B］」はないんですよ。

（黒澤弘光・竹内薫『こんなに深い日本の古典』ちくま文庫）

＊黒澤……黒澤弘光（一九四五年—）。元高等学校国語科教諭・日本文学者。古典教育法や辞典の編纂で知られる。
＊竹内……竹内薫（一九六〇年—）。サイエンス・ライター。物理学の解説書や科学評論を中心に一〇〇冊余の著作がある。
＊エージェント……代理人。
＊ダークホース……競馬で、番狂わせが期待される穴馬のこと。

問一 傍線部①の解釈として最も適当なものを次から選び、記号で答えなさい。（4点）

ア　全くおはばかりにならず
イ　たとえはばからせなさらずとも
ウ　少しもはばかり申し上げられず
エ　はばかることがおできにならず
オ　はばからせることができず

問二 傍線部ⓐ〜ⓓの敬語は、それぞれ誰に対する敬語を示しているか。その組合わせとして最も適当なものを次から一つ選び、記号で答えなさい。（4点）

ア　ⓐ帝　ⓑ桐壺更衣　ⓒ帝　ⓓ右大臣の女御
イ　ⓐ帝　ⓑ帝　ⓒ桐壺更衣　ⓓ桐壺更衣
ウ　ⓐ桐壺更衣　ⓑ桐壺更衣　ⓒ右大臣の女御　ⓓ帝
エ　ⓐ桐壺更衣　ⓑ男皇子　ⓒ右大臣の女御　ⓓ帝
オ　ⓐ楊貴妃　ⓑ男皇子　ⓒ帝　ⓓ右大臣の女御

問三 傍線部②とはどのようなことか。主語と比較対象を明示して四〇字以内で説明しなさい。（8点）

10　20　30　40

問四 傍線部③についての説明として最も適当なものを次からすべて選び、記号で答えなさい。（全答5点）

ア　このように思ったのは「右大臣の女御」である。
イ　「坊にも」、「ゐたまふ」とは皇太子になることである。
ウ　「この皇子」とは「一の皇子」のことである。
エ　完了の助動詞「ぬ」が一度用いられている。
オ　推定の助動詞「めり」が一度用いられている。
カ　「たまふ」は帝に対する尊敬語である。

問五 【文章1】の登場人物を整理するために系図を書くことにした。次の系図の空欄C〜Fに当てはまる最も適当な人物名を【文章1】から抜き出して書きなさい。（全答10点）

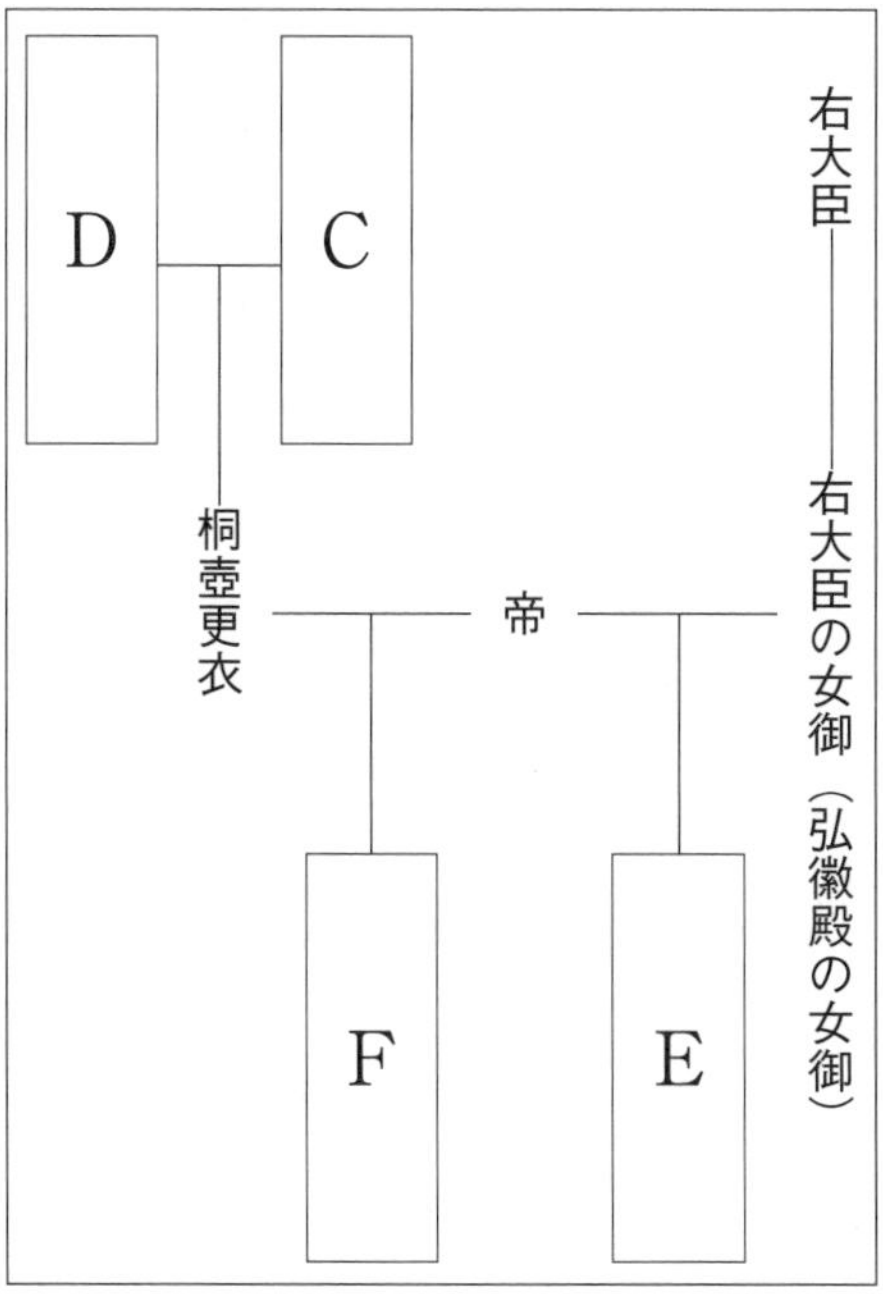

C	D
E	**F**

問六 【文章1】の登場人物についての説明として適当でないものを次から二つ選び、記号で答えなさい。（全答5点）

ア 「上達部・上人」は、後宮の女性たちと帝の関係についてはあまり気にしていなかった。

イ 帝は生まれた「男皇子」のことが気になって、急いで宮中に参上させて、対面した。

ウ 「右大臣の女御」には皇女もいて、帝としては彼女にはあまり頭が上がらない部分がある。

エ 「一の皇子」は後見もしっかりしていて、皇位を継ぐ人と世間からも思われていた。

オ 桐壺更衣は病弱ではあったが、帝の愛情をありがたいものとして常に快く受け止めていた。

問七 【文章2】は【文章1】の帝と後宮についての対談である。後の問いに答えなさい。（6点／各3点）

（1）空欄Aに当てはまる二字熟語を書きなさい。

（2）空欄Bに入る語を漢字一字で書きなさい。

A
B

問八 次に掲げるのは【文章1】の傍線部④「桐壺」、⑤「後涼殿」に関して、先生と生徒たちが交わした授業中の対話である。この【対話】を読んで、④と⑤はそれぞれどの場所に当たるか、場所の組合わせとして最も適当なものを後の図のⅠ〜Ⅳから一つ選び、記号で答えなさい。（8点）

◆対　話◆

先生　次の図は「内裏」（天皇の御所）の構造を示したものです。傍線部④「桐壺」と傍線部⑤「後涼殿」は次の内裏図中のⅠ～Ⅳのどこにあたるか、本文中の描写をふまえて考えてみましょう。ちなみに古注釈書には「淑景舎《しげいしゃ》を桐壺といふ。五舎の一なり」とあります。

ケンタロウ　桐壺にいたから桐壺更衣と呼ぶんだよね。帝が桐壺に来るとなると他の女性たちの恨みを買って大変そう。

ユウスケ　**【文章1】**にも「あまたの御方々を過ぎさせたまひて」とあったね。帝が他の女性たちの前を素通りして桐壺更衣のところに通うんだから、それは恨まれるよな。

ケイ　自分のところに来ると思っていて素通りされるのはつらいね。「あまたの御方々を過ぎ」るわけだから、帝のいる所から桐壺まではだいぶ離れているようだね。

先生　その通りです。古注釈書には「桐壺は御殿よりはことのほかほど遠きなり」と書かれています。「御殿」というのは帝が普段いる所のことですね。

ケンタロウ　まだ絞れないな。後涼殿の方はどこだろう。

ユウスケ　桐壺更衣が帝のところに行く時に他の女性たちから様々嫌がらせをされていたのを帝が知って、追加で部屋を割り当てられたんだよね。

ケイ　そう考えると当然、元々いた桐壺よりは帝に近いところなんじゃないかな。

ケンタロウ　帝が普段いる所がわかれば正解できそう。

ユウスケ　まだわからないなあ。でも「壺」（舎）がついてる建物と、「殿」がついている建物には何か法則性がありそうだね。

内裏《だいり》

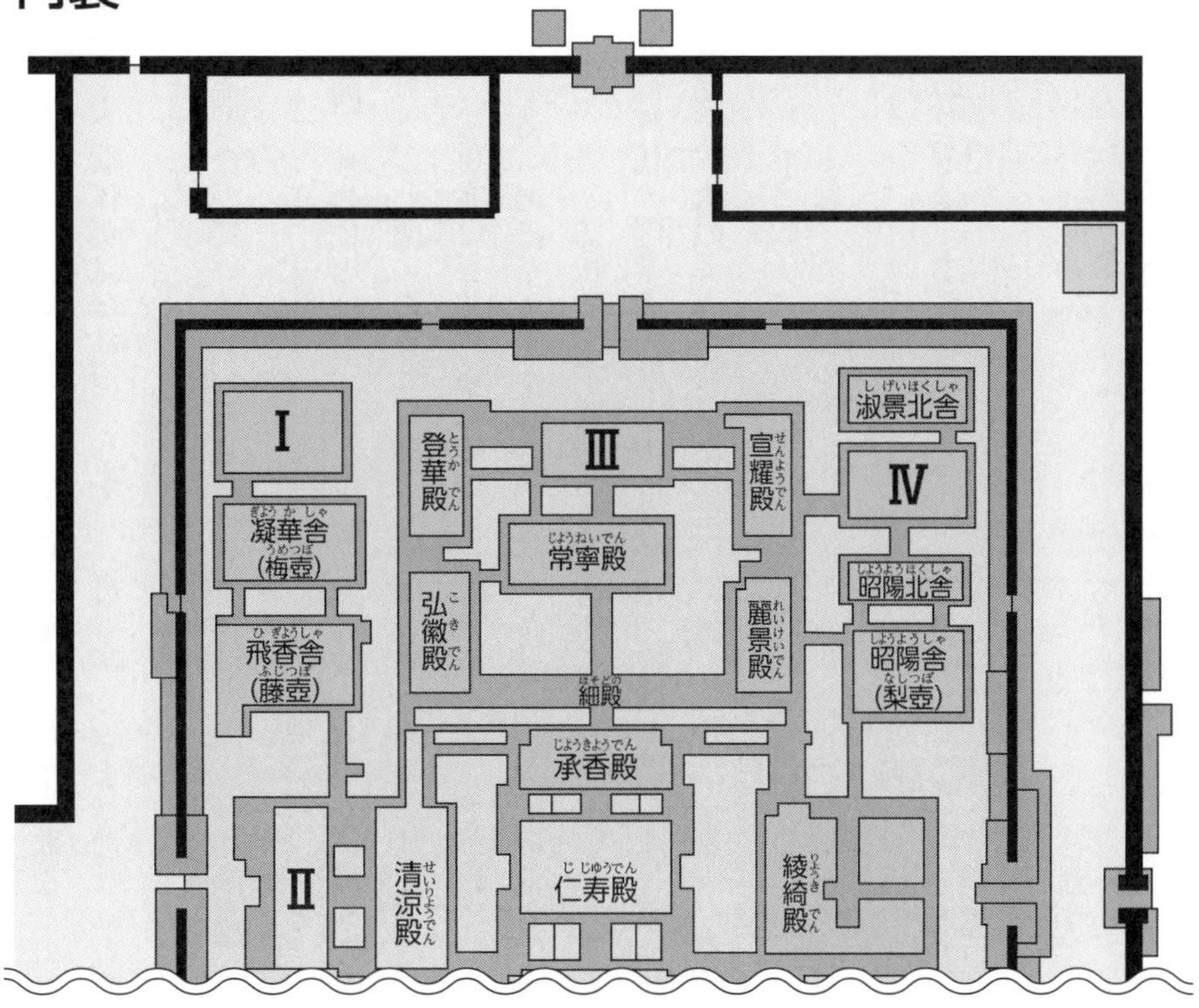

ア　④Ⅰ・⑤Ⅱ

イ　④Ⅰ・⑤Ⅲ

ウ　④Ⅲ・⑤Ⅰ

エ　④Ⅲ・⑤Ⅳ

オ　④Ⅳ・⑤Ⅲ

カ　④Ⅳ・⑤Ⅱ

言葉の豊かさの中で

◆和歌の力

奈良時代に成立した日本最古の歌集である『万葉集』（約四五〇〇首所収）には、片歌や旋頭歌《せんどうか》、長歌、仏足石歌《ぶっそくせきか》などのさまざまな歌体が見られる。しかし、最も多く詠まれた歌は短歌（約四二〇〇首）であり、平安時代になると、三一文字の短歌が主流となっていく。紀貫之《きのつらゆき》が仮名で書いた『古今和歌集』の序文（仮名序）には次のようにある。「心に思ふことを、見るもの聞くものにつけて、言ひ出せるなり。（その心に思うことを、見たこと聞いたことに託して言い表したものが歌である）」。さらに「生きとし生けるもの、いづれか歌をよまざりける（生きているものは全て歌を詠むのだ）」と言う。この「仮名序」にこそ、まさに和歌の本質があると言える。

江戸時代の国学者・歌人の橘曙覧《たちばなあけみ》は、家族と過ごす一家団欒《だんらん》の時間を、次のように歌った。

たのしみは　妻子《みこ》むつまじく　うちつどひ
　　頭ならべて　物を食ふ時
たのしみは　まれに魚《うを》煮て　児等《こら》皆が
　　うましうましと　言ひて食ふ時
（『独楽吟』）

橘曙覧は、身近な言葉で日常生活を詠んだ和歌で知られるが、引用した二首では、家族への思いが、三一文字に託され見事に言い表されている。和歌の「力」を感じさせる歌である。

◆古文の交わり

曙覧の歌に見るように、奈良時代から遠く時を隔ててもなお、古人の言葉は私たちの心に通じる気脈を伝えている。「和歌」では、高校生にもなじみ深い「百人一首」を材に、「序詞・枕詞」や「掛詞」の修辞についての理解を深めることを目的とした。生徒会話文からも、和歌の本質を読みとってほしい。

「大江山（十訓抄）」では、小式部内侍の当意即妙な和歌二種を理解することにより、歌に託された小式部の心情に触れて欲しい。「仮名序」の趣旨も理解できるように配慮した。

『無名抄』は、鴨長明がその和歌の師である「俊恵法師」からの教えをつづった「歌論書」である。四首の歌に対する「俊恵評」をじっくりと読み取ることで、和歌の表現の奥深さと作歌に向かう歌人の心意気を味わうことができるだろう。

『平家物語』は多様な人物の織りなすドラマである。能登殿と忠度の心は、どちらか片方を読むだけではわからない。両者が対比的に在ることが、それぞれの死生観を浮き彫りにする、いや、二人の死生観を「創る」。複数資料を併読することの真の意義は、資料の整合性をつかむだけでなく、併読しなければ分からなかった未知の豊かさを発明することにあるのである。

「光源氏の誕生」では、文章読解をもとに図解を完成させる問いも用意した。こうしたビジュアル資料と読解の組み合わせも、新傾向の問いとして慣れておきたい。

漢文 ① 八月十五日夜、禁中独直、対レ月憶二元九一

白居易（『精選国語総合　改訂版』『国語総合　改訂版』）

/50

次の【文章1】は白居易の漢詩、【文章2】は【文章1】をめぐって行われた対談である。これらの文章を読んで、後の問いに答えなさい。

◆文章1◆

八月十五日夜、禁中独直《とのゐ》、対月憶《おも》*元《げん》九《きう》

① 銀台金《きん》闕《けつ》夕《ゆふべ》沈沈
② 独宿相思在翰《かん》林《りん》
③ 三五夜中ⓐ新月色
④ 二千里外ⓑ故人心
⑤ 渚《しょ》宮《きゆう》東面煙波冷
⑥ 浴殿西頭鐘漏 A
⑦ ⓒ猶恐清光不同見
⑧ ⓓ江陵卑湿足秋陰

*元九……元稹《げんしん》。「九」は、排行。詩人で、白居易の親友であった。

◆文章2◆

*中西　この八月の十五夜、*中秋の名月っていうのは、詩人だったらぜひとも詩にしてみたい、そういうモチーフだったんでしょうか。

*石川　そうですね。特別な夜ですから、宮中では必ず宴会を開きますしね。

中西　じゃ、これも宴会の後、ひとり孤独にいる状況ですね。前に*蘇軾《そしょく》の「春夜」を取り上げましたでしょう。あれもそうでしたね。

石川　そうです。そこでまたふと気がついたけど、あの詩も「*鞦韆院楽夜沈沈《しゅうせんいんらくよるちんちん》」と「沈沈」を使っている。同じ状況をつかまえていたわけですから、多分、蘇軾の「春夜」はこの詩にヒントを得たのでしょうね。

中西　やっぱり宴のその後というものには、独特の情趣があるんですね。

石川　そうですね。だから、この詩を鑑賞するときには、そこを考えないといけないでしょうね。［　B　］、それを意識させている。その一つの仕掛けが、「銀台金闕」というキンキラしたことば遣いです。

中西　そう、そう。華やかな世界で、友達はいっぱいいるわけでしょう。だけども、自分は元稹を思っている。そこが目の付け所でしょうかね。おれはお前がいないと孤独なんだ、と。

石川　そうですね。

（中略）

石川　それはともかくとして、ことさらにキンキラしたことばを使い、対照させて江陵は卑湿だという。明るいイメージと暗いイメージと対照させている。その落差が大きければ大きいほど、相手を思う気持ちが強く出るという、そういう仕掛けになっています。

中西　そういう中で、いま一つ分からなかったのが、「渚宮」なんです。これは要するに湖岸の近くの宮殿というぐらいの意味ですか。

石川　これは昔の*楚《そ》の国の宮殿の名前なんです。実際に渚《なぎさ》に宮殿があるわけではなくて、昔、楚の宮殿があったところという意味なんです。江陵というのは今の荊州《けいしゅう》です。昔は郢《えい》っていう地名で、楚の都だったんです。

中西　その「東面」は「煙波冷ややかに」なんですが、東側に水があるというのは、具体的なロケーションなんでしょうか。つまり、これはもう必然的に土地柄から決まってしまうのでしょうか。そうだとすると、それと対になって自分のところが出てくるんですが、なぜ「浴殿の西頭」なんだろう、これが疑問なんです。

石川　詩人は無意味なことばの使い方はしないと思うんです。東西南北四つあるうち、東と西を使ったのには意味があると思います。

中西　地理的にはどうですか。長安と江陵というのは東と西に向かい合っていますか。

石川　西北と東南ですね。だから、君は東にいる。だから東の方に向いている。自分は西にいるから西の方、こういうことになるのかな。

中西　反対でしょう。それだと背中を向け合っていることになります。

石川　それもそうだな。単に、元稹は東にいるから「東面」といい、自分は西にいるから「西頭」といったまででしょうかね。

中西　あるいは背中を向けているから、かえって距離感があるということでしょうか。

石川　あるいはこうかも分からない。満月は東から出るでしょう。出たときの情景を君は見ている。僕は沈むときだ。

中西　それはおもしろい。同時じゃないんですね。

石川　そうですね。君の方は満月を昇るころに見ているだろうけど、自分は今はもう満月が中点を過ぎて西の方に偏っている。これは［　C　］ということにもなりますよ。宴会も終わるころになると、夜も更けています。君の方はそういうことがないから、月の出端《ではな》から見ているだろう。これは新しい解釈です（笑）。

中西　おもしろいです。新鮮ですよ。

石川　今一つすっきりしないところもありますが、すぐ後に「鐘漏」、水時計が出てきますから、時間を絡めるのは一つの解釈かもしれません。

（『石川忠久《いしかわただひさ》・中西進《なかにしすすむ》の漢詩歓談』）

*中西……中西進（一九二九年―）。日本文学者。『万葉集』研究で有名。
*石川……石川忠久（一九三二年―）。中国文学者。漢詩の研究で有名。
*中秋の名月……陰暦八月一五日（新暦九月中旬から下旬）の夜に見える十五夜の月。一年で最も美しいとされ、月見をする。
*蘇軾……一〇三六―一一〇一年。北宋《ほくそう》の政治家・文学者。字《あざな》は子瞻《しせん》、号は東坡居士《とうばこじ》。唐・宋代の代表的な八人の文章家「唐宋八家」の一人。
*鞦韆院楽夜沈沈……蘇軾の詩「春夜」の四句目。「鞦韆院楽」は、ぶらんこのつるされた中庭には人けもなく、の意。
*楚……春秋・戦国時代の強国。

問一　傍線部ⓐ「新月」、ⓑ「故人」の本文中における意味として最も適当なものを次からそれぞれ一つ選び、記号で答えなさい。（6点／各3点）

ⓐ　新月
ア　八月の異名
イ　ほぼ欠けて形がわからない月のこと
ウ　出たばかりの月のこと
エ　三日月のこと
オ　沈みそうな半月のこと

ⓑ　故人
ア　左遷された人
イ　故事に登場する人物
ウ　すでに亡くなった知人
エ　古くからの友人
オ　故郷の人

問二 空欄Aに当てはまる最も適当な語を次から一つ選び、記号で答えなさい。(5点)

ア 響　イ 長　ウ 人　エ 清　オ 深

問三 【文章1】について、次の組み合わせの中から双方とも対句であるものを一つ選び、記号で答えなさい。(5点)

ア ①②と③④　イ ③④と⑤⑥　ウ ⑤⑥と⑦⑧
エ ①②と⑤⑥　オ ①⑤と②⑥

問四 傍線部ⓒ「猶恐清光不同見」の書き下し文として最も適当なものを次から一つ選び、記号で答えなさい。(6点)

ア 猶ほ清光　同じく見ざることを恐れるべし
イ 猶ほ恐る　清光　同じくは見ざらんことを
ウ 猶ほ清き光を恐れて　同じと見ず
エ 猶ほ恐る　清光　同じく見んとすることを
オ 猶ほ清き光を同じと見るがごとし

問五 傍線部ⓓ「江陵卑湿足秋陰」の説明として最も適当なものを次から一つ選び、記号で答えなさい。(5点)

ア 江陵は静かで落ち着いており、自身がその正反対の境遇にいることを嘆く気持ち。
イ 江陵も夏が終わり、もうすぐ涼しい秋がくると元稹を励ます気持ち。
ウ 江陵は低湿地で秋の寒さが厳しく、作物が取れなくなると不安になる気持ち。
エ 江陵での白居易は人間関係で憂いが多いはずだと心配する気持ち。
オ 江陵は気候が悪く、そのような土地で暮らす元稹のことを気遣う気持ち。

問六 空欄Bに当てはまる最も適当な語句を次から一つ選び、記号で答えなさい。(5点)

ア 後に再会できるという期待　イ 華やぎの後の静けさ
ウ 相手を思う気持ち　エ 非常に明るいイメージ
オ 夜の時間の経過

問七　空欄Cに当てはまる最も適当な一文を次から一つ選び、記号で答えなさい。（5点）

ア　長安と江陵の距離の遠さを表す
イ　科学的な見方をしている
ウ　宮中生活と田舎の生活の対比
エ　時が経つことのはやさを示している
オ　亡き人を思い出している

問八　次に掲げるのは、【文章1】と【文章2】について先生と生徒たちが交わした授業中の対話である。この【対話】を読んで、後の（1）（2）の問いに答えなさい。

◆対　話◆

ナオ　【文章1】は、相手への思いがよくわかる漢詩でした。
先生　それでは、この漢詩の言葉や内容など、自分なりにまとめて発表してみましょう。
チサト　私は［　D　］と知りました。
先生　なるほど。次に、【文章2】の対談を読んでみての感想はありますか。
チサト　場面の雰囲気や言葉の使い方についての意見が出ていて、なにげなく使われている言葉にも深い意味があるのだと感じました。
ケンタロウ　先生、【文章1】と【文章2】から、漢詩における月の表現が気になりました。他にはどのようなものがありますか。
先生　月を詠んだ漢詩としては、例えば李白《りはく》の「静夜思」があります。黒板に書いてみます。

静夜思

李白《りはく》

牀《しやう》前《ぜん》看《み》ル二月光ヲ一　疑フラクハ是レ地上ノ霜カト
挙ゲテレ頭《かうべ》ヲ望ミ二山月ヲ一　低《た》レテレ頭ヲ思フ二故郷ヲ一

ユウスケ　どうやら「静夜思」では月を見て、遠い故郷のことを考えているみたいですね。

サチコ　【文章1】とあわせて考えてみると、［　E　］と言えそうです。

（1）空欄Dに当てはまる最も適当な一文を次から一つ選び、記号で答えなさい。（5点）

ア　この漢詩は七言絶句で、多忙な元稹のことを、月を見ながら思い出している

イ　この漢詩は七言律詩で、「翰林」「渚宮」は江陵にある建物を指している

ウ　この漢詩は七言絶句で、白居易は江陵にいて、宮中の元稹のことを羨ましく思っている

エ　この漢詩は七言律詩で、白居易は豪華な建物が嫌で隠遁《いんとん》生活を送りたいと思っている

オ　この漢詩は七言律詩で、「金闕」「浴殿」は宮中にある建物を指している

（2）空欄Eに当てはまる文章を三〇字以内で書きなさい。（8点）

漢文 ② 桃花源記

陶淵明（『古典B 改訂版』）

/50

次の【文章1】は『今昔物語集』所収の「大峰を通る僧酒の泉の郷《さと》に行くこと」、【文章2】は陶淵明作「桃花源記」の一節である。これらの文章を読んで、後の問いに答えなさい。

◆文章1◆

今は昔、仏の道を行ふ僧ありけり。大峰*といふ所を通りける間に、①道を踏み違《たが》へていづくとも思えぬ谷の方ざまに行きけるほどに、大きなる人郷《ひとざと》に出《い》でにけり。

僧、うれしと思ひて、人の家に立ち寄りて、この郷はいかなる所ぞ、など問はむと思ひて行くほどに、その郷の中に泉あり。石などをもつて畳むでめでたくして、上に屋《や》を造りおほひたり。僧これを見て、この泉を飲まむ、と思ひて寄りたるに、その泉の色すこぶる黄ばみたり。いかなればこの泉は黄ばみたるにかあらむ、と思ひてよく見れば、この泉、早う水にはあらずして酒のわき出《い》づるなりけり。

僧、あさましと思ひて守り立てるほどに、郷より人あまた出で来て、「こはいかなる人の来《きた》れるぞ。」と問ひければ、僧、「大峰を通りつるほどに、道を踏み違へて、思ひかけずして、かく来れる。」由を答ふ。一人の人ありて、「いざたまへ。」と言ひて、僧をゐて行けば、僧、我にもあらで、こはいづくへゐて行くにかあらむ、我を殺しにゐて行くにやあらむ、と思へども、いなぶべきことにあらねば、このいざなふ人の後《しりへ》に立ちて行くほどに、大きなる家のいみじくにぎはしげなるにゐて行きぬ。その家主《いへあるじ》にやあらむ、おとなしき男出で来て、僧に来《きた》れるさまを問へば、僧、さきのごとく答ふ。

その後、僧を呼び上げて、物など食はせて、この家主、若き男《をのこ》を呼び出でて、②「この人具して例の所へゐて行け。」言へば、僧、これはこの郷の長者などにてあるなめり、と、我をばいかなる所ゐて行かむとすらむとあらむ、と、おそろしく思ふほどに、この若き男、「いざたまへ。」と言ひて、具してゐて行けば、僧、おそろし、と思へども遁《のが》るべき方なければ、ただ言ふに随ひて行きけるに、片山*のある所にゐて行きて、男のいはく、「まことには汝《なむぢ》を殺さむがために、ここへはゐて来つるなり。前々《さきざき》もかやうにしてここに来ぬる人をば、帰りてこのありさまを語らむことをおそれて、必ず殺すなり。されば、『ここにかかる郷あり。』といふことをば、人ゆめゆめ知らぬなり。」と言ふに、僧これを聞くに、惣《そう》じて思《おぼ》えで、泣く泣くこの男にいはく、「己、仏の道を行ひき。諸々の人を利益《りやく》せむ、と思ひて大峰を通る間、心を発《おこ》す身を砕くこと限りなし。それに、道を踏み違へて、思ひもかけずここに来て、命を亡してむとす。死ぬる道つひに遁《のが》るるところにあらず。されば、それを苦しむにはあらず。ただそこの仏の道を行ふ僧の咎《とが》なきを殺したまひてむとするが限りなき罪にてあれば、もし助けたまひてむや。」と言ひければ、男、「まことに宣《のたま》ふこと理《ことわり》なれば、③免《ゆる》し申すべきに、もし帰りてこの郷のありさまを語りたまはむことのおそろしきなり。」と言へば、僧、「己、さらにこの郷のありさまを、もとの郷に帰りて、人に語り侍らじ。世にある人、命を増すものなければ、命をだに存しなば、いかでかその恩を忘れ申さむや。」と言へば、男、「汝《なむぢ》、僧の身にておはすめり。また仏の道を修行したまふ人なり。助け申さむ。ただし、『そこそこにかかる所あり。』といふことをだに語りたまふまじくは、殺さるるやうにてゆるし申さむ。」と言へば、僧、うれしきままに、諸々の誓言を立てて、言ふまじき由をねむごろに言へば、男、「さらば、あなかしこ、あなかしこ。」と、返す返す口を固めて、道を教へて帰し遣《や》りければ、僧、男に向かひて礼拝《らいはい》して、後の世までのこの恩を忘るまじき由を契りて、泣く泣く別れて、その教へける道のままに行きければ例の道に出でたりけり。

さてもとの郷に帰るままに、さばかり誓言を立て言ひしかども、信なく口疾《と》かりける僧なれば、いつしか会ふ人ごとに、このことを語りければ、これを聞く人皆、「いでいで。」と言ひて語りぬれば、僧、郷のありしやう、酒の泉のありしことなど、いみじく口きき、落とさず語りければ、年若き勇みたる者どもありて、「かばかりのことを聞き、いかでか見ぬやうはあらむ。『鬼にても神にてもあり。』など聞かばこそ怖ろしからめ。聞けば人にこそあんなれ。それはいかなる猛き者なりといふとも、思ふにさばかりこそはあらめ。いざ、行きて見む。」と、若き者どもの魂太く力いみじく強く、手極めて聞きける五、六人ばかり、各々*弓箭《きうぜん》を帯し、*兵杖《ひやうぢやう》を提《ひさ》げて、この僧を具して、ただ行きに行かむとするを、おとなる者どもは、「これ、由なきことなり。彼は我が土なれば、皆構へたることどももあらむ。ここより行かむずるは旅なれば悪しかりなむ。」と言ひて制止しけれども、言ひ立ちたることなれば聞きも入れず。また僧も言ひはやしけるにやあらむ、皆出で立ちて行きにけり。

しかる間、この行きたる者どもの父母類親どもは、各々いぶかしがり歎きあひたること限りなし。それに、その日も帰らず、次の日も帰らず、二日、三日帰らざりければ、いよいよ悲しびまどひけれども、かひなし。さて久しく見えざりけれども、「尋ねに行かむ。」といふ者一人もなくて歎きあひたりけるほどに、つひに見えで止《や》みにければ、思ふに、行きたる人一人残らず皆殺されにけるにこそはあらめ。そのこといかがしたりけりといふことも、いかでかは聞かむとする。極めて益なきこと言ひたりける僧なりかし。我も死なず多くの人も殺さずしてあらましかば、いかによからまし。

されば、人の不信にて口疾きことはゆめゆめ止《とど》むべし。またたとひ口疾くして語るとも、行く者どもいとおろかなり。その後、その所を伝へても聞こゆることもなかりけり。このことは、かの僧の語りけるを聞きたる人の語り伝へたるとや。

（巻三十一）

*大峰……奈良県吉野町にある、吉野山から紀伊半島に連なる山々の総称。古くから修行僧の修行場とされる。

＊片山……人里離れた山。
＊弓箭……弓と矢。

◆文章２◆

晋《しん》太《たい》元《げん》中、武陵人捕魚《うを》為《な》業。縁渓《たに》行、忘路之《みちの》遠近。忽《たちまち》逢《あ》桃花林。夾《さしはさ》岸数百歩、中《うち》無雑樹。芳草鮮美、落英繽《ひん》紛《ぷん》。漁人甚異《あやし》之《これ》。復《また》前《すす》行、欲窮其《そ》林。林尽水源、便《すなはチ》得一山。山有小《せう》口《こう》、髣《はう》髴《ふつ》若《ごと》有光。便捨船、従口入。

初極狭、纔《わづ》通人。復行数十歩、豁《くわつ》然《ぜん》開朗。土地平《へい》曠《くわう》、屋舎儼《げん》然。有良田・美池・桑竹之属《たぐひ》。阡《せん》陌《ぱく》交《こもごも》通、鶏犬相聞。其中往来種作男女衣着、悉《ことごと》如《ごと》外人。黄髪垂《すい》髫《てう》、並《び》怡《い》然《ぜん》自楽。

見漁人、乃《すなはチ》大驚、問所従来。具《つぶ》答之。便要《むか》還《かへ》家、設酒殺鶏作食。村中聞有此《こ》人、咸《みな》来問訊《もんじん》。自云《い》「先世避秦時乱、率妻子・邑《いふ》人《じん》、来此絶境、不《ず》復出焉。遂《つひ》与《と》外人間隔。」問「今是《これ》何世。」乃不知有漢、無論魏《ぎ》・晋。此人一一為《ため》具言所聞。皆歎《たん》惋《わん》。余人各《おのおの》復延《ひ》至其家、皆出酒食。停《とど》数日辞去。此中人語《つ》云「不《ざ》足為外人道《い》也《なり》。」

既出得其船、便扶《よ》向《さき》路《みち》、処処誌《しる》之。及郡下、詣《いた》太守、説如此《かく》。太守即《すなはチ》遣人随《したが》其往《ゆ》、尋向所誌、遂迷不復得路。

南陽劉《りう》子《し》驥《き》、高《かう》尚《しやう》士也。聞之、欣《きん》然《ぜん》規《はか》往、未《いま》果。尋《つ》病終。後遂無問津《しん》者。

＊兵杖……刀剣などの武器。

問一　傍線部①「道を踏み違へて」は、【文章２】ではどういう表現になっているか。五字で抜き出しなさい。（５点）

問二　【文章１】で「僧」は、【文章２】にはないものを発見している。「僧」が発見したものは何か、具体的に七字で述べなさい。（５点）

問三　【文章２】で「武陵人」が見た光景はどのようなものであったか、四〇字以内で書きなさい（句読点を含む）。（７点）

問四　傍線部②「この人具して例の所へゐて行け。」と家主が言うのは、「僧」を殺そうとしているからである。それはなぜか、理由を述べた箇所を本文中から二〇字以内で抜き出しなさい。（５点）

問五　【文章１】で「僧」は自分が殺されないようにするために、何と言って相手を説得したか。四〇字以内で書きなさい（句読点を含む）。（５点）

問六　傍線部③に「もとの郷に帰りて、人に語り侍らじ。」とあるが、【文章２】では村人が「武陵人」に同じ意味のことを言っている。その箇所を本文中から一〇字以内で抜き出しなさい（送り仮名・返り点は不要）。（５点）

問七　「僧」と「武陵人」は、自分の郷に帰った後に共通する行動に出た。それはどのようなものか、二〇字以内で書きなさい（句読点を含む）。（5点）

20	10

問八　【文章1】【文章2】の登場人物の説明として最も適当なものを次から選び、記号で答えなさい。（5点）

ア　「僧」は、泉の水を飲んだために殺されそうになった。
イ　「年若き男」は、「僧」に食事を与えて逃がすつもりだった。
ウ　「年若き勇みたる者」は、「僧」の静止を振り切って山に向かった。
エ　「武陵人」は、帰り道に印をつけたが、郷には戻れなかった。
オ　「劉子驥」は、郷にたどり着いた後に、病で亡くなった。

問九　【文章1】と【文章2】は、どちらも「隠れ里」についての物語だが、読み手に与える印象は大きく異なっている。その印象の相違について、次の指示を満たすように説明しなさい。（8点）
（1）一〇〇字以内で書くこと（句読点を含む）。
（2）作品に描かれた具体的な相違について触れること。あるいは、その箇所を引用すること。
（3）その相違が、両作品がもたらす印象の相違にどうつながっているか、説明すること。

100	90	80	70	60	50	40	30	20	10

漢文 ③守レ業

韓非子（『古典B　改訂版』）

／50

次の【文章1】と【文章2】は、いずれも『韓非子』の一節である。これらの文章を読んで、後の問いに答えなさい。

◆文章1◆

昔《むかし》者韓《ノ》昭侯酔《ゑヒテ》而寝《いネ》、典冠《ノ》者見《テ》二君之《の》寒《キヲ》一也《や》、①故《ニ》加《フ》二衣《ヲ》於君之上《ニ》一。覚《メテ》レ寝《しんヨリ》而説《よろこビ》、問《ヒテ》二Ⅰ左右《ニ》一曰《いハク》、「誰《たれゾ》加《ヘシ》レ衣《ヲ》者《ハト》。」左右②対《ヘテ》曰《ハク》、「典冠《ナリト》。」③君因兼罪典衣与典冠。其《そノ》罪《セシハ》二典衣《ヲ》一、以《もツテ》為《なセバ》レ失《スト》二其《ノ》事《ヲ》一也《なり》。其《ノ》罪《セシハ》二典冠《ヲ》一、以《ツテ》為《セバ》レ越《ユト》二其《ノ》職《ヲ》一也。④非レ不レ悪レ寒也、以《ツテ》為《セバナリ》三侵《ス》レ官《ヲ》之害《ハ》⑤甚《ダシト》二於寒《キヨリモ》一。故《ニ》明主之蓄《やしなフヤ》レ臣《ヲ》、臣《ハ》不《ず》レ得《ハ》二越《エテ》レ官《ヲ》而有《ルヲ》レ功、⑥不レ得二陳《のベテ》レ言《ヲ》而不《ルヲ》レ当《タラ》。越《ユレバ》レ官《ヲ》則《すなはチ》死《シ》、不《レバ》レ当《タラ》則《チ》罪《セラレン》。守《リ》二業《ヲ》一其《ノ》官《ニ》一、所《ノ》レ言《フ》者貞《ナレバ》也、則《チ》群臣《ハ》不《ルナリ》レ得二朋《ほう》党《たうシ》相為《スヲ》一矣。

（「二《に》柄《へい》」）

◆文章2◆

楚《そ》王の急な呼び出しがあったため、太子（王子）は駕《が》（馬車）で王宮の内門（茆門《ぼうもん》）まで進んだが、その際に警備兵といさかいがあった。以下はそれに続く文である。

太子入《リテ》為《いヒ》レ王《ニ》、泣《キテ》曰《ハク》、「廷中《ニ》多《ク》レ潦《＊らう》、駆《リテ》レ車《ヲ》至《レル》二茆《ばう》門《もんニ》一。＊廷理曰《ハク》、『非《ザル》レ法《ニ》也《ト》。』挙《ゲテ》レ殳《＊ほこヲ》撃《チ》二⑦臣《ガ》馬《ヲ》一、敗《やぶル》二⑧臣《ガ》駕《がヲ》一。王必《ズ》誅《ちゆうセヨト》レ之《これヲ》。」王曰《ハク》、「前《さきニ》有《リテ》二老主《ニ》一而不レ踰《こエ》、後《ニ》有《リテ》二＊儲《ちよ》主《しゅ》一而不レ属《サ》。是《こレ》真《ニ》吾《ガ》守《ル》レ法《ヲ》之⑨臣也ト。」乃Ⅱ益《ま》ス㆓爵二級ヲ㆒。

＊潦……水たまり。
＊廷理……警備兵。

問一 傍線部①「故」、②「対」の読み方として最も適当なものを次からそれぞれ一つ選び、記号で答えなさい。（4点／各2点）

① 故
ア つひに　イ ことさらに　ウ ふるくに
エ ゆゑに　オ ただちに

② 対
ア かつて　イ こたへて　ウ そろひて
エ むかひて　オ こらへて

①		②	

問二 二重傍線部Ⅰ「左右」、Ⅱ「乃」の本文中における意味として最も適当なものを次の中からそれぞれ一つ選び、記号で答えなさい。（4点／各2点）

Ⅰ 左右
ア 自分の妻たち　イ 二人の大臣　ウ 側近の家来
エ 近くにいた学者　オ 兄と弟

Ⅱ 乃
ア そのたびごとに　イ いつも　ウ すぐに
エ ことごとく　オ そこで

Ⅰ		Ⅱ	

〔外儲説右上〕

＊殳……武器の一種。矛のようなもの。
＊儲主……跡継ぎ。

問三 傍線部③「君因兼罪典衣与典冠」の返り点・送り仮名の付け方と書き下し文との組み合わせとして最も適当なものを、次から一つ選び、記号で答えなさい。（3点）

ア 君因リテ兼ネテ㆔罪ス典衣ト与ヲ㆓典冠㆒
　君因《よ》りて典衣と典冠とを兼ねて罪す

イ 君因ヨリ兼ネテ㆔罪ス典衣ト与ニ㆓典冠ヲ㆒
　君因《もと》より典衣と典冠を与《とも》に兼ねて罪す

ウ 君因リテ兼ネテ罪ヲ㆓典衣ノ㆒与フ㆓典冠ニ㆒
　君因りて兼ねて典衣の罪を典冠に与《あた》ふ

エ 君因リテ兼ネテ㆔罪ス典衣ガ与スルヲ㆓典冠ニ㆒
　君因りて典衣が典冠に与《くみ》するを兼ねて罪す

オ 君因ヨリ兼ネテ罪ス㆓典衣与リハ典冠ヲ㆒
　君因より兼ねて典衣よりは典冠を罪す

問四 傍線部④「非不悪寒」の書き下し文とその解釈との組み合わせとして最も適当なものを次から一つ選び、記号で答えなさい。（3点）

ア　寒きを悪《あく》とせずんば非ず
　　寒いことは必ずしも悪いこととは限らない。
イ　寒きを悪《にく》まざるに非ず
　　決して寒さを嫌わないわけではない。
ウ　悪寒《おかん》にあらざるに非ず
　　全く風邪を引かなかったわけではない。
エ　悪《いづ》くんぞ寒からざるに非ずや
　　どうして寒くないことがあるだろうか。
オ　悪《いづ》くにか寒からざるところ非ずや
　　寒くないような所は当然あるはずはない。

問五 傍線部⑤の助字「於」と同じ用法のものを次から一つ選び、記号で答えなさい。（3点）

ア　青出㆓於藍㆒
イ　良薬苦㆓於口㆒
ウ　名声聞㆓於諸侯㆒
エ　君子博学㆓於文㆒
オ　苛政猛㆓於虎㆒

問六 【文章1】について、「典衣」と「典冠」が罰せられた理由をそれぞれ本文中から三字で抜き出しなさい（訓点は含まない）。（全答6点）

典衣

典冠

問七 傍線部⑥「不得陳言而不当」の解釈を簡潔に記しなさい。（6点）

問八 傍線部⑦〜⑨の「臣」の説明として最も適当なものを次から一つ選び、記号で答えなさい。（4点）

ア　⑦⑧⑨は三つとも臣下の意味で、全て廷理のことを指している。
イ　⑦と⑧の二つが臣下の意味で、馬車の運転手のこと。⑨は自称で、王自身を指している。
ウ　三つとも全て自称で、⑦⑧が太子自身、⑨は王自身のことを指している。
エ　はじめの⑦⑧が自称で太子自身のこと、⑨は臣下の意味で、廷理のことを指している。
オ　⑦⑧が「臣」という名の役人を指しており、⑨は臣下の意味で、太子のことを指している。

問九 【文章2】の内容として最も適当なものを次から一つ選び、記号で答えなさい。（4点）

ア 老いた王の法令を曲げて、跡つぎの太子の機嫌を最優先に考えた警備兵の判断を評価した。

イ 老い先短い王の法令を守り、次の王である太子に媚びることない警備兵の態度を評価した。

ウ 警備兵の妨害を乗り越えて、呼び出しに急いで駆けつけた太子の責任感の強さを評価した。

エ 警備兵の無礼な行いに対して処罰を求めるといった、太子の法令を重んじる態度を評価した。

オ 法令を知らないことから、太子が偽物であると気づいた警備兵の洞察力を高く評価した。

問一〇 【文章1】と【文章2】の説明として最も適当なものを次から一つ選び、記号で答えなさい。（4点）

ア 【文章1】では職務を怠った者が処罰されて、機転を利かせた者が評価されている。【文章2】では【文章1】と対照的に機転を利かせた者が処罰されている。

イ 【文章1】では職務を越えた行いをした者が処罰されており、その一方で【文章2】では権力になびくことなく自身の職務を全うした者が評価されている。

ウ 【文章1】と【文章2】では法令や職務は単なる基準であり、最終的にはどちらも臨機応変に対応するのが良いこととされている。

エ 【文章1】の後半では有言実行する者が「典冠」よりも評価されており、【文章2】では太子の法令を重んじる態度が高く評価されている。

オ 【文章1】では「典冠」「典衣」それぞれの職務の重要性が説明されており、【文章2】では太子となる者の心構えが説明されている。

問一一 次に掲げるのは、授業の中で【文章1】と【文章2】について話し合った生徒の【対話】である。この文章を読んで、後の（1）・（2）に答えなさい。

◆対　話◆

ユウスケ　【文章1】の昭侯の考えはやっぱりわからないな。典冠は良いことをしたと思うよ。

ナオ　でも、職域の区別がなくなると、最終的に組織としてはまとまりがなくなるのではないかな。

テルオ　確かにそれぞれがやるべき職務をやっている場合は集団としてよくまとまっていると言えるね。何か不審な行動をすればすぐわかるし、そのように秩序が保たれていれば臣下たちも不満がないよね。だから本文中でも［　X　］とあるんだね。

ユウスケ　**【文章2】**の太子は怒っていたね、警備兵といさかいがあってさ。でも楚王が太子をなだめるために二階級昇進させてくれたから、太子の気持ちもおさまったと思うよ。

ナオ　警備兵は冷静に対処していたけど、楚王も太子の言葉を聞いて感情的にならずに、警備兵がどのように考えたかをしっかり理解していたね。

テルオ　韓非は、儒家の徳治主義に対して法によって治める法治主義を推奨したんだってさ。だから、**【文章1】【文章2】**はともに法や規則を順守することが大切だということを述べているんだろうね。

（1）空欄Xに当てはまる最も適当な文を次から一つ選び、記号で答えなさい。（3点）

ア　問左右曰誰加衣者
イ　其罪典衣以為失其事也
ウ　臣不得越官而有功
エ　其官所言者貞
オ　群臣不得朋党相為矣

［　　］

（2）生徒の後半の会話中に一箇所、誤った読み取りをしている部分がある。その読み取りを次のA群の中から一つ選び、また正しく改めたものを後のB群の中から一つ選んで、それぞれ記号で答えなさい。（全答6点）

A
ア　太子は二階級昇進したことにより、兵に対する怒りもなくなった。
イ　楚王は兵の無礼に対して感情的にならず、冷静に分析した。
ウ　韓非は徳治主義ではなく、法治主義を推奨した。

B
ア　太子は二階級昇進したが、兵に対する怒りについては書かれていない。
イ　二階級昇進したのは警備兵であり、太子についての処置は書かれていない。
ウ　楚王は兵の無礼に怒ったが、太子を前にして取り乱すことのないように自制した。
エ　楚王は年を取っていることを理由に後継ぎである太子に判断を委ねた。
オ　韓非は道家の無為自然に対して反発し、法治主義を主張した。
カ　韓非は儒家の荀子に学んだため、道徳によって治国することを推奨した。

A		B	

漢文を〈読む〉ということ

◆漢文を〈学ぶ〉

漢文は主に中国の古典を扱っているにもかかわらず、なぜ「国語」で学習するのかと思っている人もいるかもしれない。古代、人々が異なる言語と出会い、それを自分たちの元々持っている言語と同様の形で受容しようとした結果、訓読という方法が生まれた。まさに先人たちの創意工夫の成果と言える。そのように我々の祖先が中国の古典を読み、学んできた歴史があると意識することから始めよう。古代の人々は、漢字はもちろんのこと、思想や論理的思考など、漢文から多くのことを学び、それを活かしてきた。また、漢詩の表現が日本文化にどのような影響を与えてきたのか、今までの学習でも思い当たる点があるだろう。グローバル化が進む現代においても、漢文は多角的に物事を捉えるきっかけとなる。つまり、他文化に触れることで、現在の文化を相対的に見直すことにもなるのである。

◆漢文を〈読み解く〉

漢文を正しく読み解くためには、句法とその訳し方をつかむことが最重要だが、同時に漢字の語彙を増やすことも必要である。その際、積極的に熟語に置き換えるという方法がある。例えば、「辞」には「挨拶を述べて去る」という意味があるが、「祝辞」「言葉」という意味もある。それが腑《ふ》に落ちなくても、「辞書」という熟語に置き換えてみれば、「辞」に「言葉」という意味があることが簡単に理解できるだろう。語句では「与」「若」など、読解や書き下し文の際にポイントとなる多義語には特に注意する必要がある。漢字に付された読み仮名や送り仮名も句法の判断や文章読解の参考になるので、安易に読み飛ばすことのないようにしたい。文章の流れや構造は決まったパターンであることも多く、それを意識して読解するとよい。

漢文には漢詩・史伝・小説・思想など様々なジャンルがあるので、多様な形式に触れることが大切である。文章に触れたぶんだけ、読解力強化につながる。付された注にも必ず目を通すようにすることで理解が深まる。漢詩では詩の形式・押韻《おういん》・内容の解釈が問題となりやすい。五言絶句や七言律詩などの近体詩はもちろん、古体詩にも目を向けよう。菅原道真《すがわらのみちざね》や夏目漱石《なつめそうせき》など、日本の知識人による漢詩も多い。これからの国語学習や入試問題では、漢文と、漢文から影響を受けた日本の古典的文章との関連を論じた文章を目にすることも多くなるだろう。多様な漢文に触れ、自分の中にストックしておきたい。

また、漢詩に詠まれている情景を思い浮かべて、自分なりに整理したり、絵に書き表したりしてみるのもよいだろう。地図を参照しておくことも大事である。例えば、王維《おうい》の「送《ル》三元二《げんじノ》使《ヒスルヲ》二安西《ニ》一」に記される「陽関」などは、実際にどこにあるのかを地図で確認することで、その距離がより明確になる。人物が多く登場する場合は関係図を作るとよい。「管鮑之交《くわんぽうのハリ》」の襄公《じょうこう》・子糾《しきゅう》・小白・無知の関係と、管仲と鮑叔《ほうしゅく》が誰に仕えているのか、などは整理しておさえる方がよい。記述内容を図解に書き換えること、また図解から内容を書き起こすことも、新傾向の入試問題の訓練として効果的である。

執筆協力：伊藤博美（秋田県立秋田北高等学校）
井上孝雄（東京都立大泉桜高等学校）
上原　瞬（沖縄県立那覇国際高等学校）
塚原政和（日本大学第二中高等学校）
橋本憧子（早稲田大学本庄高等学院）
真杉秀樹（愛知県立天白高等学校）
宮原　彩（岩倉高等学校）
図版協力：YHB 編集企画

筑摩書房版教科書準拠

新傾向入試国語対策問題集

2020年3月27日　初版第一刷発行

監　修……..岩間輝生（國學院大學）・佐藤弘善（東京都立青山高等学校）
嶋田龍司（國學院大學久我山中学高等学校）
編集協力……スタジオ・タブ
発行者……..喜入冬子
発行所……..株式会社筑摩書房
〒111－8755
東京都台東区蔵前2－5－3
電話　03－5687－2601（代表）
印刷・製本…..中央精版印刷株式会社
装幀………..スタジオ・タブ

ISBN978-4-480-91086-8　C7081

PRÄMIE Deutsch

Ver. 3.

『プレーミエ　ドイツ語総合読本[三訂版]』

追加練習問題

白水社

第１課　追加練習問題

1. 指示された動詞を主語に応じて人称変化させ、(　　)に入れなさい。

1) (　　　　　　) Sie Lehrer?　—　Ja, ich (　　　　　　) Lehrer.　[sein]
あなたは教師（男性）ですか。— はい、私は教師（男性）です。

2) (　　　　　　) du Schülerin?　—　Ja, ich (　　　　　　) Schülerin.　[sein]
君は生徒（女性）なの？ — はい、私は生徒（女性）です。

3) (　　　　　　) ihr müde?　—　Nein, wir (　　　　　　) nicht müde.　[sein]
君たちは疲れているの？ — いいえ、私たちは疲れていません。

4) (　　　　　　) er krank?　—　Nein, er (　　　　　　) nicht krank.　[sein]
彼は病気ですか。— いいえ、彼は病気ではありません。

5) (　　　　　　) Sie Englisch?　—　Ja, ich (　　　　　　) Englisch.　[lernen]
あなたは英語を学んでいますか。— はい、私は英語を学んでいます。

6) (　　　　　　) ihr Tennis?　—　Ja, wir (　　　　　　) Tennis.　[spielen]
君たちはテニスをするの？ — はい、私たちはテニスをします。

7) (　　　　　　) du Kaffee?　—　Ja, ich (　　　　　　) Kaffee.　[trinken]
君はコーヒーを飲むかい？ — はい、私はコーヒーを飲みます。

2. 指示に従って全文を書き換え、それを訳しなさい。

1) Er ist Musiker.　＜主語を sie（彼女）に＞
➡

2) Er ist Student.　＜主語を sie（彼女）に＞
➡

3) Ich spiele gern Fußball.　＜Fußball を文頭に＞
➡

4) Ich lerne heute Deutsch.　＜heute を文頭に＞
➡

5) Ihr trinkt immer Tee.　＜疑問文に＞
➡

3. ドイツ語に訳しなさい。

1) あなた（敬称）は日本人（*r* Japaner）ですか。—はい、私は日本人です。
➡

2) 君たち（親称）はドイツ語を学んでいるのかい？— はい、私たちはドイツ語を学んでいます。
➡

第 2 課　追加練習問題

1. 指示された動詞を主語に応じて人称変化させ、(　　)に入れなさい。

1) Wie (　　　　　　) Sie?　—　Ich (　　　　　　) Georg Müller.　　[heißen]
あなたのお名前は何といいますか。— 私はゲオルク・ミュラーといいます。

2) Woher (　　　　　　) Sie?　—　Ich (　　　　　　) aus Dresden.　　[kommen]
あなたはどこのご出身ですか。— 私はドレスデンの出身です。

3) Wie alt (　　　　　　) er?　—　Er (　　　　　　) 18 Jahre alt.　　[sein]
彼は何歳ですか。— 彼は 18 歳です。

4) Wo (　　　　　　) er?　—　Er (　　　　　　) in Leipzig.　　[wohnen]
彼はどこに住んでいますか。— 彼はライプツィヒに住んでいます。

5) Was (　　　　　　) du jetzt?　—　Ich (　　　　　　) jetzt Japanisch.　　[machen, lernen]
君は今、何をしているの？— 私は今、日本語を学んでいます。

6) Was (　　　　　　) Sie heute? — Ich (　　　　　　) heute einen Spaziergang.　[machen]
あなたは今日、何をしますか。— 今日は散歩をします。

7) (　　　　　　) du Tischtennis?　—　Ja, ich (　　　　　　) Tischtennis.　　[spielen]
君は卓球をするの？— はい、私は卓球をします。

2. 指示に従って全文を書き換え、それを訳しなさい。

1) Das ist ein Tisch.　＜*r* Tisch を *e* Tasche に＞
➡

2) Der Vater der Schülerin ist Bäcker.　＜*e* Schülerin を *r* Schüler に＞
➡

3) Der Sänger singt ein Lied.　＜*r* Sänger を *e* Sängerin に＞
➡

4) Das Mädchen kauft einen Rock.　＜*r* Rock を *s* Kleid に＞
➡

5) Haben Sie einen Hund?　＜*r* Hund を *e* Katze に＞
➡

3. ドイツ語に訳しなさい。

1) これ（das）は何（was）ですか。— それ（das）は時計（*e* Uhr）です。
➡

2) 私は鳥（*r* Vogel）を 1 羽飼っている（haben）。その鳥はきれいな声で（schön）鳴く（singen）。
➡

第3課　追加練習問題

1. 日本語訳を参考にして、(　　)に適切な語句を入れなさい。

1) (　　　　　　) Onkel hat (　　　　　　) Haus. Das dort ist (　　　　　　) Haus.
私たちのおじは家を1軒持っている。あそこにあるのが彼の家です。

2) (　　　　　　) Blumen (　　　　　　) Gartens sind sehr schön.
この庭の花々はとても美しい。

3) (　　　　　　) Vater trinkt Bier. (　　　　　　) Mutter trinkt Wein.
私の父はビールを飲みます。私の母はワインを飲みます。

4) (　　　　　　) Autos hier sind neu. (　　　　　　) Auto kaufen Sie?
ここにある車はすべて新車です。あなたはどの車を買いますか。

5) Sie haben zwei (　　　　　　). Ich habe drei (　　　　　　).
あなた（敬称）は姉（妹）が2人います。私は兄（弟）が3人います。

6) Arbeitet (　　　　　　) Schwester hier? — Ja, (　　　　　　) Schwester arbeitet hier.
君（親称）のお姉さんはここで働いているの？— はい、私の姉はここで働いています。

7) Hat (　　　　　　) Vater (　　　　　　) Hütte? — Nein, (　　　　　　) Vater hat (　　　　　　) Hütte.
あなた（敬称）のお父さんは山小屋を持っていますか。— いいえ、私の父は山小屋を持っていません。

2. 指示に従って全文を書き換え、それを訳しなさい。

1) Ich habe einen Anzug.　＜下線部を zwei に＞
➡

2) Wie alt ist Ihr Kind?　＜下線部を複数形に＞
➡

3) Dieses Haus ist sehr modern.　＜下線部を複数形に＞
➡

4) Morgen habe ich Zeit.　＜否定文（全文否定）に＞
➡

5) Isabel geht heute zur Schule.　＜否定文（全文否定）に＞
➡

3. ドイツ語に訳しなさい。

1) あなた（敬称）はどのハンドバッグ（*e* Handtasche）を買いますか。
— 私はこのハンドバッグを買います。
➡

2) あなた（敬称）の奥さん（*e* Frau）は日本人（*e* Japanerin）ですか。
— はい、私の妻は日本人です。
➡

第4課 追加練習問題

1. [　　] の動詞を主語に応じて人称変化させ、(　　) に入れなさい。

1) Wohin (　　　　　) du? — Ich (　　　　　) nach Berlin. [fahren]
君はどこへ行くの? — 私はベルリンへ行きます。

2) Was (　　　　　) du jetzt? — Ich (　　　　　) einen Roman. [lesen]
君は今、何を読んでいるの? — 私はある長編小説を読んでいます。

3) Ich (　　　　　) langsam. Aber du (　　　　　) sehr schnell. [laufen]
僕は走るのが遅い。でも君は走るのがとても速い。

4) Ich (　　　　　) nur vier Stunden. Du aber (　　　　　) acht Stunden. [schlafen]
僕は4時間しか寝ない。でも君は8時間寝る。

5) Ich (　　　　　) meinen Koffer. Wer (　　　　　) diesen Koffer? [tragen]
私は自分のトランクを運びます。このトランクは誰が運びますか。

6) (　　　　　) du die Kirche dort? — Nein, ich (　　　　　) nur Häuser. [sehen]
あそこの教会が見えるかい? — いいえ、私は家しか見えません。

7) Wir (　　　　　) nur ein wenig Englisch. Er aber (　　　　　) fließend Englisch. [sprechen]
私たちはほんの少しだけ英語を話します。しかし彼は流暢に英語を話します。

2. 指示に従って全文を書き換え、それを訳しなさい。

1) Fahren Sie bitte nicht so schnell! <du に対する命令>
➡

2) Seien Sie immer pünktlich! <ihr に対する命令>
➡

3) Nimm bitte Platz! <Sie に対する命令>
➡

4) Sprich bitte kein Wort! <Sie に対する命令>
➡

5) Wir machen eine Pause. <doch を加えて勧誘文に>
➡

3. ドイツ語に訳しなさい。

1) もうすぐ (bald) 試験です (eine Prüfung haben)。<主語は親称>
真面目に (fleißig) 勉強しなさい。<du に対する命令>
➡

2) ここの食事 (das Essen hier) はとても美味しい (gut schmecken)。
でも (aber) 食べ過ぎないで (nicht zu viel essen) ください。<Sie に対する命令>
➡

1. 日本語訳を参考にして、(　　)に適切な語を入れなさい。

1) Mein Vater hilft immer meiner Mutter. (　　　　　) dankt (　　　　　).
　私の父はいつも母の手助けをします。彼女（母）は彼（父）に感謝しています。

2) Sie findet dieses Kleid sehr schick. (　　　　　) gefällt (　　　　　) gut.
　彼女はこのドレスをとても素敵だと思う。彼女はそれが気に入りました。

3) Trotz (　　　　　) Schnees spielen (　　　　　) Fußball.
　雪にもかかわらず彼らはサッカーをする。

4) Fährst du mit (　　　　　) Taxi (　　　　　) Flughafen?
　君はタクシーで飛行場に行くのかい？

5) Ich fahre mit (　　　　　) Zug oder mit (　　　　　) S-Bahn.
　私は列車か高速鉄道で行きます。

6) Ich bin jetzt in (　　　　　) Bibliothek. Kommst du auch in (　　　　　) Bibliothek?
　私は今、図書館にいます。君も図書館に来ますか。

7) Mein Onkel wohnt (　　　　　) Meer. (　　　　　) Sommer fahre ich (　　　　　) Meer.
　私のおじは海辺に住んでいます。夏に私は海辺に行きます。

2. 指示に従って全文を書き換え、それを訳しなさい。

1) Die Leute halten Thomas für ein Genie.　＜下線部を人称代名詞で＞
　➡

2) Fritz gibt seiner Freundin ein Wörterbuch.　＜下線部を人称代名詞で＞
　➡

3) Ich bleibe heute zu Hause. Ich habe Kopfschmerzen.　<2 文を denn で結合>
　➡

4) Er kennt mich. Ich kenne ihn nicht.　<2 文を aber で結合>
　➡

5) An der Uni lernt sie nicht nur Deutsch. Sie lernt auch Französisch.　<2 文を sondern で結合>
　➡

3. ドイツ語に訳しなさい。

1) その女性（*e* Frau）は彼ではなく君（親称）を愛している（lieben）。
　➡

2) 冬（*r* Winter）に私はオーストリア（Österreich）かスイス（die Schweiz）へ旅行する（reisen）。
　➡

第6課　追加練習問題

1. 日本語訳を参考にして、(　　)に適切な語を入れなさい。

1) (　　　　　　) Sie mir bitte das Salz geben?
どうか私に塩をくれませんか。

2) (　　　　　　) wir in dem Restaurant zu Mittag essen?
そのレストランで昼食を食べませんか。

3) (　　　　　　) ich dieses Paket öffnen? — Nein, Sie (　　　　　　) es nicht öffnen.
この小包を開けてもかまいませんか。— いいえ、それを開けてはいけません。

4) Ich (　　　　　　) vor dem Essen eine Tablette nehmen.
私は食事の前に一錠服用するようにと言われています。

5) Hast du morgen Zeit, in die Tanzstunde (　　　　　　) gehen?
明日ダンスのけいこに行く時間があるかい？

6) Das Kind geht zur Schule, (　　　　　　) (　　　　　　) frühstücken.
その子供は朝食を食べずに学校へ行きます。

7) In der Sprachschule lernt sie Japanisch, (　　　　　　) japanische Mangas (　　　　　　) lesen.
日本のマンガを読むために、彼女は語学学校で日本語を学んでいる。

2. 指示に従って全文を書き換え、それを訳しなさい。

1) Das Konzert dauert wohl drei Stunden.　＜未来形に＞
➡

2) Morgen regnet es und übermorgen schneit es.　＜未来形に＞
➡

3) Sabine, du machst heute unbedingt die Küche sauber!　＜未来形に＞
➡

4) Du hast Fieber. Du gehst zum Arzt.　＜2文目に müssen を加える＞
➡

5) Ich habe Hunger. Ich esse etwas.　＜2文目に möchte を加える＞
➡

3. ドイツ語に訳しなさい。

1) あなた（敬称）の電話番号（*e* Telefonnummer）を私に教えて（geben）くれませんか。
➡

2) オフィス（*s* Büro）で（in）働く代わりに（statt）、私は今日は一日中（den ganzen Tag）寝ます。
➡

第 7 課　追加練習問題

1. 下線部に適切な語尾を付けなさい。

1) Gibt es etwas Neu____ in der Zeitung? — Nein, da steht nichts Neu____ drin.
新聞に何か新しいことが載っていますか。— いいえ、何も新しいことは載っていません。
2) Vor einer rot____ Ampel muss man halten.
赤信号の前では止まらなければならない。
3) „Die unvollendet____ Sinfonie" ist ein bekannt____ Stück von Schubert.
「未完成交響曲」はシューベルトの有名な作品です。
4) Manchmal fische ich auf dem klein____ Boot.
ときどき私はその小舟で釣りをします。
5) Ich schenke meinem alt____ Großvater eine gut____ Tabakspfeife.
私は年老いた祖父に上等なパイプをプレゼントします。
6) Unser jung____ Lehrer trägt heute einen schwarz____ Anzug.
私たちの若い先生は今日は黒いスーツを着ている。
7) Fischers Fritz fischt frisch____ Fische.
漁師のフリッツが新鮮な魚を釣る（捕る）。（ドイツの早口言葉）

2. 指示に従って全文を書き換え、それを訳しなさい。

1) Eine schöne Rose blüht im Garten. ＜主語を無冠詞の複数形に＞
➡
2) Der tapfere Ritter kämpft für das Vaterland. ＜主語を複数形に＞
➡
3) Ein junger König regiert das Land. ＜König を Königin に＞
➡
4) Mein kleiner Sohn hat Angst vor großen Tieren. ＜Sohn を Tochter に＞
➡
5) Der reiche Mann gibt seinem Kind ein kostbares Geschenk. ＜Mann を Frau に＞
➡

3. ドイツ語に訳しなさい。

1) 私は第 2（zweit）外国語（*e* Fremdsprache）として（als）ドイツ語を学びたい。
➡
2) 私の夫は残念ながら（leider）美的（ästhetisch）センス（*r* Sinn）がない。
➡

第 8 課　追加練習問題

1. 日本語訳を参考にして、(　　)に適切な語を入れなさい。

1) Du läufst so schnell (　　　　　　) er.
君は彼と同じくらい速く走る。
2) Deutsch finde ich interessanter (　　　　　　) Englisch.
ドイツ語は英語よりも興味深いと私は思う。
3) Russisch ist wohl (　　　　　　) schwierigste von allen europäischen Sprachen.
おそらくロシア語はヨーロッパのすべての言語の中で一番難しい言語だ。
4) Die Umweltverschmutzung ist das (　　　　　　) Problem auf der Welt.
環境汚染は世界で最も大きな問題である。
5) Hast du dein (　　　　　　) getan? — Ja, ich habe mein (　　　　　　) getan.
君は最善を尽くしたかい？ — はい、私は最善を尽くしました。
6) Können Sie mir bitte den (　　　　　　) Weg zum Hauptbahnhof zeigen?
どうか私に中央駅への最短の道を教えてくれませんか。
7) Beim (　　　　　　) Redewettbewerb will ich den (　　　　　　) Preis gewinnen.
次のスピーチコンテストでは私は一等賞を取りたい。

2. 次の文を訳しなさい。

1) Er spricht mit einer älteren Dame. Kennst du sie? — Nein, ich kenne sie nicht.

____

2) Heute ist er in bester Laune. Weißt du, warum? — Nein, ich weiß es nicht.

____

3) Unser Lehrer ist schwer krank. Weißt du das schon? — Ja, das weiß ich schon.

____

4) Wie geht es deiner Frau? — Danke, es geht ihr ausgezeichnet.

____

5) Wir haben genügend Zeit. Es mangelt uns nur an Geld.

____

3. ドイツ語に訳しなさい。

1) 私の母は父より 10 センチ（Zentimeter）背が高い（groß＞比較級）。
➡
2) 食事（*s* Essen）の後は（nach）、どちらかといえば（lieber）私はビールよりワインを飲みたい。
➡

第９課　追加練習問題

1. [　　]の動詞を主語に応じて人称変化させ、(　　)に入れなさい。

1) Es (　　　　　　) einmal eine alte Frau. Man (　　　　　　) sie Hexe.　　[sein] [nennen]
   昔々、一人の老婆がいました。人は彼女を魔女と呼びました。　＜過去形＞
2) Sie (　　　　　　) viele Heilmittel (　　　　　　) und (　　　　　　) viele Leute.　[herstellen, retten]
   彼女はたくさんの治療薬を作り、多くの人々の命を救いました。　＜過去形＞
3) (　　　　　　) Sie bitte den Atem nur kurz (　　　　　　)!　　[anhalten]
   どうか息をちょっとだけ止めてください。
4) Um wieviel Uhr (　　　　　　) der letzte Zug (　　　　　　)?　　[abfahren]
   最終列車は何時に出発しますか。
5) Alle Studenten (　　　　　　) an dieser Veranstaltung (　　　　　　).　　[teilnehmen]
   学生は全員この行事に参加しました。　＜過去形＞
6) (　　　　　　) Sie mir bitte langsam (　　　　　　)!　　[nachsprechen]
   どうか私の後についてゆっくりと言葉を繰り返してください。
7) (　　　　　　) Sie bitte die plötzliche Störung!　　[verzeihen]
   突然お邪魔してどうもすみません。

2. 指示に従って全文を書き換え、それを訳しなさい。

1) Im Zug lese ich immer ein Buch.　＜過去形に＞
   ➡
2) Es ist schon spät. Ich muss nach Hause gehen.　＜過去形に＞
   ➡
3) Der Wind wird immer stärker. Der Taifun kommt.　＜過去形に＞
   ➡
4) Um wieviel Uhr stehst du auf? — Ich stehe um 5 Uhr auf.　＜2 文目に müssen を加えて＞
   ➡
5) Du sollst deinen Traum nicht aufgeben.　＜du に対する命令形に＞
   ➡

3. ドイツ語に訳しなさい。

1) 君（親称）はそのグループ旅行（*e* Gruppenreise）に（an）参加する（teilnehmen）気がある（Lust haben）かい？
   ➡
2) 明日（morgen）何か（etwas）予定があります（vorhaben）か。＜主語は敬称＞
   — はい、明日は妻（meine Frau）と（mit）外出します（ausgehen）。

   ➡

第 10 課　追加練習問題

1. 日本語訳を参考にして、(　　)に適切な語を入れなさい。

1) Er (　　　　　) an der Uni Raketentechnik studiert und (　　　　　) später Astronaut geworden.
   彼は大学でロケット工学を研究し、後に宇宙飛行士になった。
2) Eine japanische Reisegruppe (　　　　　) in Paris angekommen und (　　　　　) das Opernhaus besucht.
   ある日本人の旅行団体がパリに到着し、オペラハウスを訪れた。
3) Ich (　　　　　) heute ein bisschen Kopfschmerzen, weil ich gestern zu viel getrunken (　　　　　).
   私は昨日飲みすぎたので、今日は少し頭痛がする。
4) Während der Sommerferien (　　　　　) ich den Führerschein (　　　　　).
   夏休みの間、私は運転免許証をとった。
5) Die Studenten (　　　　　) zur Party (　　　　　) und (　　　　　) die ganze Nacht (　　　　　).
   学生たちはパーティーに出かけて、一晩中踊った。
6) Die Reise war (　　　　　) anstrengend, (　　　　　) ich konnte viele Museen besuchen.
   旅行は確かにきつかったが、私は多くの美術館を訪問することができた。
7) Haben Sie (　　　　　) morgen (　　　　　) übermorgen Zeit?
   — Es tut mir leid. Ich habe (　　　　　) morgen (　　　　　) übermorgen Zeit.
   明日か明後日、時間がありますか。— ごめんなさい。明日も明後日も時間がありません。

2. 指示された従属接続詞を用いて2文を結合させ、それを訳しなさい。

1) Ich war in Italien. Ich konnte gut Italienisch sprechen.　＜1 文目に als を用いる＞
   ➡
2) Er ging immer ins Theater. Er hatte Zeit.　＜2 文目に wenn を用いる＞
   ➡
3) Ich habe die Wohnung gemietet. Die Miete war sehr niedrig.　＜2 文目に weil を用いる＞
   ➡
4) Er war krank. Er konnte nicht arbeiten.　＜1 文目に während を用いる＞
   ➡
5) Das Auto ist ziemlich alt. Ich bin damit zufrieden.　＜1 文目に obwohl を用いる＞
   ➡

3. ドイツ語に訳しなさい。

1) 母の日に（am Muttertag＞文頭に）私は母にハンドバッグ（*e* Handtasche）をプレゼントした（schenken＞現在完了形）。
   ➡
2) 我々のチーム（*e* Mannschaft）がその試合（*s* Spiel）に勝った（gewinnen＞現在完了形）ことを（dass ...）知っているかい？　＜主文の主語は親称＞
   ➡

第 11 課　追加練習問題

1. 日本語訳を参考にして、(　　)に適切な再帰代名詞を入れなさい。

1) Seine Eltern freuen (　　　　　) auf seinen Besuch.
彼の両親は彼が訪ねてくることを楽しみにしている。

2) Ich höre immer Mozart, wenn ich (　　　　　) entspannen will.
私はリラックスしたい時はいつもモーツァルトを聴く。

3) Da es gestern sehr kalt war, hat sie (　　　　　) erkältet.
昨日はとても寒かったので、彼女は風邪をひいた。

4) Die kleine Fabrik hat (　　　　　) zu einer großen Firma entwickelt.
その小さな工場は大きな会社に発展した。

5) Kannst du (　　　　　) vorstellen, dass es hier an einem Tag über 100 Zentimeter schneien kann?
ここでは一日に 100 センチ以上雪が降ることもあるということを、君は想像できるかい？

6) Hast du (　　　　　) entschlossen, nach dem Studium Musiker zu werden?
君は大学を卒業した後、音楽家になると決心したのかい？

7) Die beiden streiten (　　　　　) oft, aber sie verstehen (　　　　　) trotzdem sehr gut.
二人はよく喧嘩をするが、それでもお互いにとてもよく理解し合っている。

2. (　　)の動詞を分詞にして全文を書き換え、それを訳しなさい。

1) „Der (fliegen) Holländer“ ist eine Oper von Wagner.　＜現在分詞：語尾あり＞
➡

2) Auf einer Insel hat er einen (stehlen) Schatz gefunden.　＜過去分詞：語尾あり＞
➡

3) Zum Frühstück esse ich meistens ein (kochen) Ei.　＜過去分詞：語尾あり＞
➡

4) Ein großer Hund ist (bellen) aus dem Haus gerannt.　＜現在分詞＞
➡

5) (stehen) hat er die Nationalhymne gesungen.　＜現在分詞＞
➡

3. ドイツ語に訳しなさい。

1) 私は全然（überhaupt）怒って（sich⁴ ärgern）いません。それどころか（sogar）感謝しています（sich⁴ bedanken）。
➡

2) 彼女は一目見て（auf den ersten Blick）彼に恋をした（sich⁴ in ...⁴ verlieben＞現在完了形）。
➡

第 12 課　追加練習問題

1. 日本語訳を参考にして、(　　)に適切な指示代名詞あるいは不定関係代名詞を入れなさい。

1) Mit der Frau zusammen sieht er glücklich aus. (　　　　　　) muss seine Freundin sein.
その女性と一緒にいると彼は幸せそうに見える。その人は彼のガールフレンドに違いない。

2) Ich esse diesen Käse gern. (　　　　　　) passt gut zu Wein.
私はこのチーズが好きです。これはワインによく合います。

3) Sie hat drei Söhne. (　　　　　　) sind alle ins Ausland gegangen.
彼女には息子が 3 人います。その息子たちは皆外国へ行きました。

4) Das ist ein japanisches Lied. (　　　　　　) erinnert mich an meine Heimat.
これは日本の歌です。この歌は私にふるさとを思い出させます。

5) Alles, (　　　　　　) ich besessen habe, ist verloren gegangen.
私が所有していた物はすべて消えてなくなりました。

6) (　　　　　　) reich ist, ist nicht immer glücklich.
裕福な者が常に幸福であるとは限らない。

7) (　　　　　　) arm ist, ist auch nicht immer unglücklich.
貧しい者が常に不幸であるとも限らない。

2. 定関係代名詞で2文を結合させ、それを訳しなさい。

1) Der Dresdner Weihnachtsmarkt ist am ältesten. Der fand im Jahre 1434 zum ersten Mal statt.
➡

2) Seine Tochter arbeitet bei einer Bank. Sie heißt Friederike.
➡

3) Das Flugzeug ist abgestürzt. Ich habe das Flugzeug zufällig verpasst.
➡

4) Der Student ist Spanier. Mit dem Studenten ist sie ins Kino gegangen.
➡

5) Ich suche ein Hotel. In dem Hotel kann ich eine Woche wohnen.
➡

3. ドイツ語に訳しなさい。

1) ベートーベン (Beethoven) はドイツで (in Deutschland) 生まれた (geboren ist) ウィーンの (Wiener) 作曲家 (*r* Komponist) です。
➡

2) 私たちがクリスマスに (an Weihnachten) 歌う歌の多く (viele Lieder) はドイツに由来します (kommen aus ...)。
➡

第 13 課　追加練習問題

1. 日本語訳を参考にして、(　　)に適切な語を入れなさい。

1) Das Neujahr (　　　　　　) von vielen Japanern als ein wichtiger Tag (　　　　　　).
元日は多くの日本人によって大切な日として祝われる。＜祝う : feiern＞

2) Die deutsche Nationalhymne (　　　　　　) von dem Österreicher Haydn (　　　　　　).
ドイツの国歌はオーストリア人のハイドンによって作曲された。＜作曲する : komponieren＞

3) Vor Weihnachten (　　　　　　) an jede Haustür ein Adventskranz (　　　　　　).
クリスマスの前にはどの家の玄関ドアにも待降節の飾りが掛けられる。＜掛ける : hängen＞

4) Mein Vater (　　　　　　) letzte Woche im städtischen Krankenhaus (　　　　　　).
私の父は先週、市立病院で手術を受けた。＜手術する : operieren＞

5) Der Verletzte (　　　　　　) sofort ins Krankenhaus gebracht (　　　　　　).
その負傷者はすぐに病院に搬送された。＜搬送する : bringen＞

6) Mir (　　　　　　) beim Kochen (　　　　　　) worden.
私は料理するとき手伝ってもらった。＜手伝う : helfen＞

7) Die Staatsbibliothek (　　　　　　) auch am Sonntag (　　　　　　).
国立図書館は日曜日も開いている。＜開く : öffnen＞

2. 次の文を受動文に書き換え、それを訳しなさい。

1) Das Erdbeben zerstörte viele Städte.
➡

2) Meine Großmutter schenkte mir eine Geige.
➡

3) In Belgien spricht man auch Deutsch.
➡

4) Er hat mich zu seiner Geburtstagsfeier eingeladen.
➡

5) In dem Geschäft kann man viele Sachen sehr billig kaufen.
➡

3. ドイツ語に訳しなさい。

1) そのコンサート（*s* Konzert）では（in）ヨハン・シュトラウス（Johann Strauß）の多くの作品（viele Werke von ...）が演奏された（演奏する : spielen＞受動文、過去形）。
➡

2) ローマ（Rom）は一日にして（an einem Tag）成らず（建てる : erbauen＞受動文、過去形）。
➡

第14課　追加練習問題

1. 日本語訳を参考にして、(　　)の不定詞を接続法第Ⅰ式あるいは第Ⅱ式の形にしなさい。

1) Ich (haben) eine dringende Bitte an Sie.　急ぎのお願いがあるのですが。

➡

2) (Können) du bittte noch lauter sprechen?　どうかもっと大きい声で話してもらえないだろうか。

➡

3) Wenn ich doch die Prüfung bestanden (haben)!　試験に合格さえしていたらなあ。

➡

4) Was (werden) du machen, wenn du das Leben nachholen (können)?
もし人生をやり直せるとしたら、君なら何をしますか。

➡

5) Man sagt, über die Wolken (geben) es ein friedliches Land.　雲の向こうに平和な国があると人は言う。

➡

6) Die Landsleute hier glauben, alle Lebewesen (sein) Umgestaltung der Götter.
この土地の人々は、生き物はすべて神々の化身だと信じている。

➡

7) Gott (vergeben) mir meine Sünde!　神様、私の罪をお許しください。

➡

2. 次の文を訳しなさい。

1) Wenn er nicht verletzt wäre, würde er einen Weltrekord aufstellen.

____

2) An Ihrer Stelle würde ich nicht ohne Krawatte ins Büro kommen.

____

3) Ohne finanzielle Unterstützung könnten wir keine neuen Maschinen in Betrieb nehmen.

____

4) In Indien glaubt man, die Kuh sei ein heiliges Tier.

____

5) Möge uns das neue Jahr viel Glück bringen!

____

3. ドイツ語に訳しなさい。

1) その観光客たち（Touristen）はあやうく（beinahe＞文頭に）その飛行機（*s* Flugzeug）に乗り遅れるところだった（verpassen＞接続法第Ⅱ式）。

➡

2) 彼は他に選択の余地はない（keine andere Wahl haben＞接続法第Ⅰ式）と思った（meinen＞過去形）。

➡

(2024年2月発行)